職員・利用者・地域を結ぶ

ひとつなぎの介護施設

久野佳子
KUNO YOSHIKO

幻冬舎MC

はじめに

超高齢社会を迎えて久しい日本において、介護事業の重要性はますます高まっています。一方で、介護業界における人材不足は深刻です。介護職は他業種と比べ給与水準が低く、人間関係のストレスや身体への負担も大きいため多くの介護施設が必要な職員を確保するのに苦労しています。そして人材不足の介護施設は職員のさらなる過重労働を招くため、離職率が高まります。実際に介護職の離職率は２０１９年度・２０２２年度を除き、この10年で全産業の平均離職率を上回っています。

私は、愛知県碧南市で介護施設を経営しています。若い働き手が少ない地方でありながら、設立以来、24年間人材不足に悩んだことはありません。早期離職はほとんどなく、現在30人いる職員の半数が勤続10年以上で、なかには22年間も働き続けている職員もいます。職員が定着し、長年働いていることは利用者やその家族の安心感につながり、施設は常に満室の状態が続いています。こうしたことから信頼できる施設という評価が得られ、たとえ職員に欠員が出ても、現職員や利用者さらに地域の人々からの紹介で人材の採用ができ、常にベストな状態でサービスを提供することができています。

なぜそのような施設をつくることができたのか、それは、職員や利用者、地域など、関わる人と人のつながりを大切にしてきたからです。人間関係が希薄になってきた今だからこそ、職員・利用者・地域住民など介護施設に関わる人同士が温かい絆でつながり、支えあえる関係をつくることが介護施設の安定経営につながるのです。

このような考えのもとに私は、「非効率的だ」と言われるほど、職員との交流に時間と労力をかけてきました。職員には、日常的な気遣いをしてプライベートな悩みにも耳を傾け、健康を考えた食事の提供や子連れでの勤務も許可し、職場を家庭のような環境にするよう努力しています。利用者には人生の先輩としての敬意を忘れず、尊厳を大切にできるようなケアを心掛けています。嚥下《えんげ》状態に応じてクッキーを刻み食にして提供するなど、できる限り本人が食べたいものを食べて満足してもらえるような工夫もしています。

施設外においては、医療機関や行政、金融機関、地域とのネットワークを構築する力が必要であるため、オープンなコミュニケーションに努め、地域住民が参加する勉強会や各機関と連携したイベントを定期的に開催しています。地域の人々ともいざというときにサポートしてもらえる関係性を築いてきたことで、これまで何度も起こった経営危機を乗り越えることができました。

多くの人に支えられて経営を続けてきた結果、いつしか評判が広がり、遠方からの利用希望者も増加しています。職員・利用者・地域が信頼関係で結ばれ、ひとつにつながる、そんな「ひとつなぎの介護施設」を実現することができました。このような施設の在り方が、厳しい経営環境下でも生き残り、地域から選ばれる介護施設の姿であると確信しています。

本書では、私の施設の「ひとつなぎ」の取り組みについて、具体例を交えて紹介します。本書が、安定経営に悩む介護事業者にとって、解決の一助となれば幸いです。

職員・利用者・地域を結ぶ　ひとつなぎの介護施設　目次

［第3章］〝一緒に働くのが楽しい〟環境をつくる

［第1章］

需要は高まっているものの、安定経営が難しい介護施設

介護ニーズが増大し人材不足は約69万人に

少子高齢化が進み、介護サービスを受けたい人は年々増加しているにもかかわらず、その受け皿である介護事業者は非常に厳しい経営環境に直面しています。

その原因の一つが、深刻な介護人材不足です。厚生労働省の推計では、団塊世代が全員75歳以上になる2025年度には約32万人の介護職員が不足する見通しです。さらに65歳以上の高齢者数がピークを迎える2040年度には約280万人の介護職員が必要になり、19年度比で新たに約69万人の確保が必要になります。

にもかかわらず、介護業界では人材の流出に歯止めがかかっていません。2022年には医療・福祉の分野で離職する人の数が働き始める人に比べて上回る「離職超過」に転じました。これは2009年から厚生労働省が調査を始めて以来、初のことです。年間数万人の介護職員を確保しなければ2040年までに必要な約69万人に達しませんが、現状から考えると確保どころか減少しているのです。この傾向が続けば、急増する介護需要に対応できないばかりか、現状ある介護サービスの維持すら難しくなります。

介護職員の必要数

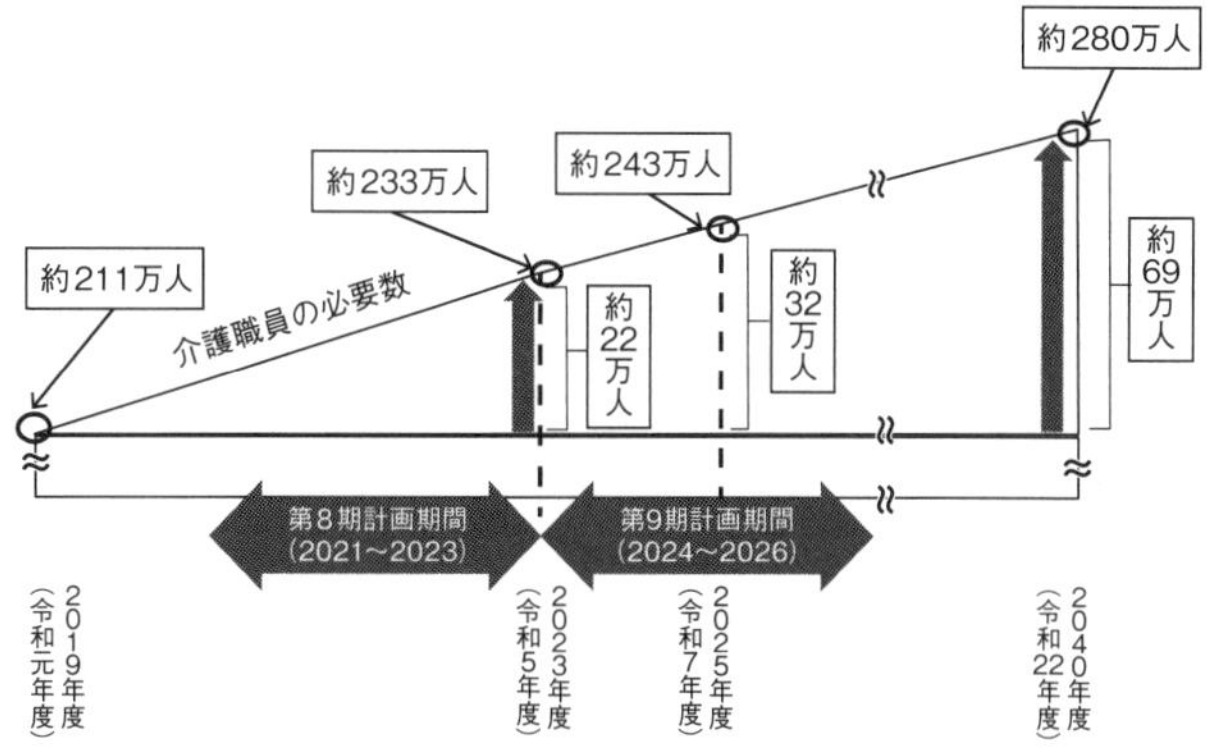

出典：厚生労働省「第８期介護保険事業計画に基づく介護職員の必要数について」

実際、介護現場では慢性的な人手不足を感じる事業者が増えています。厚生労働省の労働経済動向調査（２０２３年）の概況では、産業全体の正社員数の過不足感を示す数値が46なのに比べ、医療・福祉業界は63という値になっています。この数値は、労働者数が「不足」と回答した事業者の割合から「過剰」と回答した事業者の割合を差し引いた値で、数字が大きいほど正社員の不足感が強いことを示します。頻繁に人手不足がニュースになる運輸・郵便業界や建築業界でも「56」という値であり、医療・福祉業界が他業種と比較しても群を抜いて深刻な状況にあることがわかります。

さらには、少子高齢化による生産人口の減少で、労働力の奪い合いが業種の垣根を越えて起こっています。人材獲得競争が激化し、賃上げに動く企業も増えています。厚生労働省の「令和5年賃金引上げ等の実態に関する調査の概況」によると、人手不足に対応するため約89％の企業が賃上げを実施しています。こうなれば、経営環境が厳しい介護業界に見切りをつけ、新たな業種に人材が流れてしまっても仕方ありません。

他の業界では人材不足を解消するためにＡＩやＩＴを活用し、業務効率化を進める動きもあります。特に事務作業などでは単純作業を代替してくれるので、注目が集まっています。

介護業界でも、国がＩＣＴ導入の補助金を出すなど積極的な導入を促しています。実際、一部の施設では、睡眠時の見守りモニターやコミュニケーション用の介護ロボットを導入している例もあります。

しかし、介護の仕事には、ＡＩやＩＴでは代替しきれない部分が多くあります。例えば、介護職員が提供するきめ細かな配慮や人間的な温かさは、単なる業務の効率化では代替できません。加えて、ＡＩやＩＴの導入には高額なコストがかかり、中小零細事業者にとっては現実的な解決策とはなりにくいのが現状です。

離職理由のトップは「職場の人間関係」

介護労働安定センターの「令和４年度 介護労働実態調査」の結果によると、男性の場合、運営への不満が最も多いものの、男女全体における最も多い離職理由は「職場の人間関係に問題があったため」となっています。

介護現場では、高卒の10代の若者から80代までの職員が第一線で働いています。母親や祖母、あるいは子どもや孫と同じ年頃の同僚と連携しながら業務に当たらなくてはなりません。

さらに、利用者やその家族はもちろん訪問看護師、医師、ケアマネジャーなど多くの人とコミュニケーションを取りながら、適切にケアを進める必要があります。そのため、人間関係のハードルは非常に高くなっています。

前職（介護関係の仕事）を辞めた理由（男女別）（複数回答）

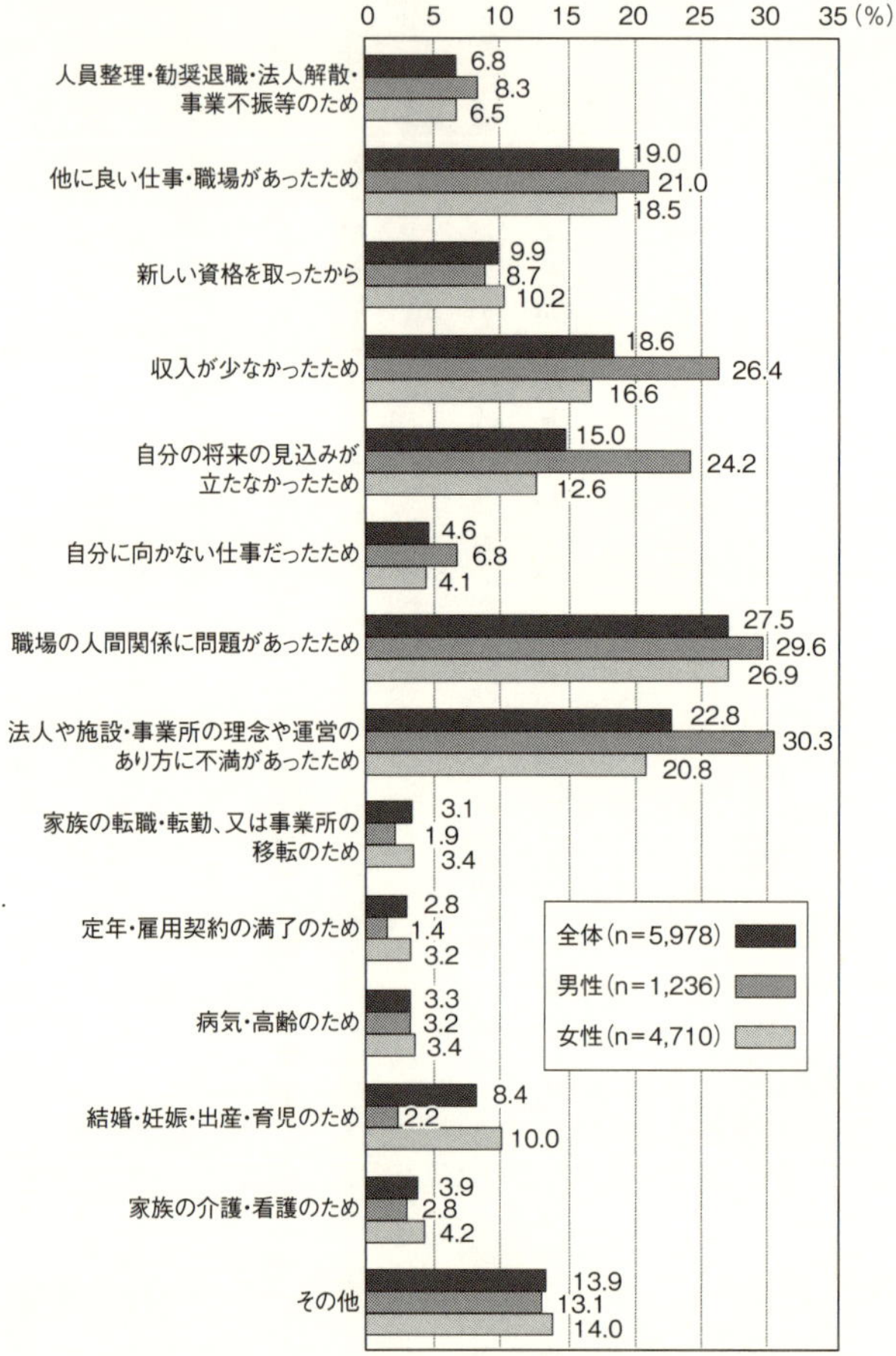

出典：公益財団法人介護労働安定センター「令和4年度『介護労働実態調査』結果の概要について」

私自身も地域の介護施設の会合などで他の施設の状況を耳にすると、業務過多でちょっとした報告や相談が気軽にできない状況が人間関係の悪化につながっているという話をよく聞きます。「用具の場所がわからない」「調理が苦手で、短時間で何品も作れない」といった日々生じる疑問や悩みを解決できないまま、業務に追われてしまうのです。特に派遣スタッフの場合、施設ごとのやり方が異なるため、勝手がわからないことがあります。もし気軽に相談できない雰囲気であれば、コミュニケーション不足が原因でミスが生じ、職場の雰囲気が悪化する要因になります。

他業種に比べ低賃金であることも、離職が進む理由の一つです。先の介護労働実態調査でも、離職の理由として「低賃金」が上位に挙げられています。

厚生労働省の調査では、2022年の介護職員の平均月収は29・3万円で、全産業平均と比べても約7万円低くなっています。

加えて介護職には「きつい、汚い、給料が安い」といった、あまり好ましくないイメージが染みついています。この負のイメージは、一度ついてしまうと簡単には払拭できません。

職場環境の良さが従業員のパフォーマンスに直結する

介護の現場では、意思の疎通が難しい利用者を相手にすることも多く、小さなサインも見逃さずにケアを行わなければなりません。相手をほっとさせる笑顔や気遣いがあるかどうかで、利用者の反応は驚くほど違います。介護は人間ならではの経験知や高いコミュニケーション力、判断力が求められる仕事なのです。

人間関係が良好な職場では、職員同士のコミュニケーションが円滑に行われ、チームワークが強化されます。その結果、利用者へのケアの質も向上し、細かなサインを見逃さずに対応できるようになります。利用者に対する笑顔や気遣いも自然に生まれ、利用者の反応も良くなります。

反対に、人間関係が悪い職場では職員同士の連携が取れず、利用者との信頼関係を築くことが難しくなります。特に感情の起伏が激しい利用者から、職員が暴力や怒鳴り声、性的ないやがらせを受けることも日常的にあります。

しかし、そうした困った利用者も理由もなく問題行動を取るわけではありません。本人ではなく家族の意思で介護施設を利用することになった人も多く、不安やストレスを抱えているのは当然です。そのような利用者といかに信頼関係を築くのか、少なくとも職員同士のコミュニケーションが十分でない職場では、利用者との関係性を深めるのは難しいと思います。

より良いケアは職員同士が協力し合い、利用者の特性や病状、好みや家族関係などの情報を共有することで提供できます。チームとして対応することで、利用者のニーズに合った適切なケアを提供し、信頼関係を築くことができます。利用者がどのような特性を持っているのか、障害や病気の状態はどうなのか、好きなことや嫌いなことは何か、家族関係はどうかといった情報を何げない雑談の中からキャッチし、それを職員間で共有できる良好な職場環境が従業員のパフォーマンスを向上させるのです。

負の連鎖を断ち切るには「人との結びつき」に目を向ける

介護人材不足による現在の危機的な状況に、どのように立ち向かっていけばいいのか悩める同業者は多いと思います。

私もその一人で、現在は愛知県碧南市にある、地域密着型のデイサービスとサービス付き高齢者向け住宅（サ高住）、訪問介護事業を営んでいます。２０００年に私の母が介護で悩む女性を家庭から解放したいと、未経験からデイサービスを創業したのが始まりです。以降、訪問介護やサ高住など少しずつ事業を拡大して今に至ります。

２０２３年、母の死去に伴い長らく共に働いていた私が有限会社デイ・サービスかなりや代表取締役のバトンを受け継ぎました。支えてくれているのは、30人ほどの従業員たちです。10代から80代までのスタッフが日々うるさいくらいにワイワイとにぎやかに働いています。長い人では20年以上勤務するベテランスタッフもおり、職員の平均勤続年は10年を超えます。離職率が高くなりがちな介護業界の中で、非常に従業員の定着率が高い状況にあります。

また、職員のモチベーションも非常に高く、無資格で入った職員の多くが介護福祉士などの資格取得にも精力的に取り組み、質の高いサービスを維持できています。そのおかげで利用者からも評判が良く、2024年6月時点ではサ高住は満床、予約キャンセル待ちという状態になっています。

地方のごくごく普通の介護施設ですが創業以来24年間、安定的に経営を続けることができました。それは職員や利用者をはじめ、施設に関わってくれる多くの人が施設の応援団のようになって、さまざまな側面で経営を支えてくれているからです。

印象的だった出来事があります。近所のガソリンスタンドに立ち寄ったときに、スタッフの人から「お母さんは元気?」と尋ねられたのです。すでに亡くなったと伝えたところ、「実は今まで言わなかったけれど、以前から介護が必要な人がいたら、あんたの介護施設を勧めていたんだよ」と言われたのです。まさかこんな近所にも、陰ながら私たちを支援してくれた人がいたとは驚きました。それもかなりやの職員たちがスタンドの人に元気に挨拶してガソリンを入れていたからこそ、支援の輪がつながったのだと思います。このように笑顔で働く職員の様子を見て施設に入居を決めてくれたり、一緒に働きたいと思ってくれたりする人は、かなりやでは数えきれません。

介護は本来、人生の先輩である高齢者の生活に寄り添える、非常にやりがいのある仕事です。「ありがとう」という言葉を何度ももらえますし、対応の仕方によっては機能回復にもつなげることができ、目の前でいきいきとしていく高齢者の姿を見ることもできます。

また、ＡＩに代替できない仕事であるため、今後高齢化が進む中で、必ず存続していく仕事であり、ニーズはこれからも確実に増大していきます。少子高齢化は日本だけでなく、アジアを中心に世界的な課題です。そのため、日本の介護ビジネスを海外に展開していくことも可能で将来性のある仕事です。つまり介護のノウハウを持っている人は、世界中どこでも活躍できる可能性があるのです。

介護事業の経営には困難が伴いますが、介護を必要な人がきちんと介護サービスを受けられるようにするためには、安定的に運営し続けることが欠かせません。そこで、介護事業者は職場環境の改善を図り、基本的な人と人とのつながりに再度目を向けることが大切だと私は考えています。

［第2章］

職員・利用者・地域が一つにつながる安定経営にいちばん大切なことは家族のような深い信頼関係の構築

介護施設経営で見直すべきは「職員」「利用者」「地域」の人のつながり

介護事業者にとって冬の時代を迎えた今、私はコロナ禍を経て希薄になってしまった人と人とのつながりを結び直し、職員、利用者、地域の人々までもが介護施設を起点として「ひとつなぎ」になっていくことが非常に重要だと考えています。

コロナ禍では感染を防ぐために職員も利用者もお互いにマスクをして、必要以上に会話や接触をしないことが求められるという今までにない経験を強いられました。そのインパクトはあまりに大きく、感染流行が収まった今でも職員間で必要以上の会話をしない介護事業者も多いです。また、職員同士の私語を禁じている施設も少なくありません。

さらに、いわゆる「新しい生活様式」に移行したことで、サービス業でも非対面・非接触でのコミュニケーションが身近なものになりました。飲食店ではスマートフォンやタブレット端末を使って注文できるようになり、ロボットが商品を運んできてくれるお店も一般的になりました。また、宅配サービスでも非対面で荷物を受け取ることができる「置き配」がコロナ禍明け以降も主流になっています。

もちろん消費者にとっての利便性が高まるなど、良い面もあります。しかし、その結果、働き手のコミュニケーション力の低下も顕著にみられるようになりました。他のサービス業のスタッフを見ても、コミュニケーションそのものが億劫《おっくう》だというような、挨拶すら満足にできない人も残念ながら見受けられます。

特に若者はリモート環境に慣れ、人と直接対話する機会が減ったことで、コミュニケーション力が低下しています。私の息子が通っていた大学もリモート授業中心となり、直接授業での質問も雑談もすべて禁止されました。息子は通学に意味を見いだせず自宅に引きこもり、いわゆるコロナ鬱のような状態になってしまいました。その後、大学を中退し、名古屋市内で一人暮らしを始めると、バイト先でいい出会いに恵まれコミュニケーションを学ぶようになりました。ですが、残念ながらそういうケースばかりではありません。

他の介護施設の人に話を聞くと、こうしたコロナ禍の影響を強く受けた若い世代の職員の中には「人手が足りなくて困っているから、今これをやってくれない?」「助けてくれない?」と頼んでも「後でやります」「これが終わったらやっておきます」と自分のペースを優先して対応してくれない人もいるようです。つまり相手の感情を思いやって対応するという、コミュニケーションの基本が身についていないのです。

一方で、介護施設でスタッフ間のコミュニケーションを深めようにも、まだ世間的に介護事業者や医療従事者の感染対策には厳しい目が向けられています。

他の業界では、コロナ禍前まであった職場の歓送迎会や定期的な食事会、飲み会などが復活しつつあります。しかし、介護業界ではそのような傾向はありません。少なくとも私の近隣の介護施設ではまだ再開されていませんし、私の職場でも2024年現在、飲み会や食事会は復活できていない状況です。

利用者側も、まだ感染への恐怖は完全には払拭されていないのか、話したり触れ合ったりするようなコミュニケーションを嫌がるような人もいます。また、コロナ禍で中止になった地域ボランティアの人たちとの交流や介護レクリエーションを通じた付き合いも、完全に元には戻っていない事業者も多いです。

いうまでもなく、介護の原点は人です。足元を見つめ直し、離れてしまった縁を結び直すことこそ介護業界の再生には不可欠なのです。

職員・利用者・地域の人々はすべて「人財」

職員、利用者、地域の人々といった今まで当たり前にいた周囲の人たちとの関係性に再び目を向け深い絆で結びあうことは、一見経営とは無関係で非効率なことのように思えるかもしれません。しかし、人間関係が希薄になってしまった今だからこそ、家族のような温かい関係性を持つ施設は他の施設とは差別化された特別な施設になり得るのです。

温かい人と人との交流は、人間が本質的に求めているものです。職員や利用者にいつも笑顔があふれ、地域の人が気軽に遊びに来られるような、そんな地域コミュニケーションの拠点となる施設こそ、これからの施設の在り方だと思います。

私の経営する施設では20年以上前の創業時からずっと人と人とのつながりや縁を大切にし、企業理念として「人財」を掲げています。従業員、利用者、その家族、地域の人は、かなりやにとっての宝だという考え方です。今でこそ「人財」という言葉はビジネス上でも一般的になっていますが、24年前、私たちがこの言葉を掲げた当初は「人材のザイの字が間違っているよ」「これだから学がない人は……」と散々な言われようでした。あまりにもバカにされるので、一時は仕方なく企業理念を書いた紙を隠していたほどでした。それでも、母や私の思いは変わらず現在までその思いを貫き通してきました。

コロナ禍をはじめ何度か収益が落ち込むこともありましたが、何とか安定した経営を続けてこられたのは、さまざまな「人財」に助けられてきたからなのです。コロナ禍の利用控えで、一時的には訪問介護の収益が半分以下に減少するなど大きな打撃を受けたものの、デイサービスやサ高住の収益が大きな支えになりました。2024年現在、サ高住は遠方からの利用希望者も相次ぎ満床で、キャンセル待ちの状態です。

私たちが厳しい局面を生き抜いてこられたのは、創業者である母が口を酸っぱくして言ってきた、ある教えがあるからです。それは「ご縁を大切に、人を大切にして生きていけよ」ということです。職員、利用者、その家族、地域の人たちなど、出会ったすべての人との縁を大切にし、家族のような温かい関係性を築くこと――私たちはその教えを、時には非効率的なほど徹底的に守り抜いてきました。

利用者や従業員を大切にするなんて、ごく当たり前のことのように感じられるかもしれません。介護事業者なら誰しも、職員や利用者をないがしろにしようとは思っていないはずです。しかし、母や私が介護経営に必要だと考える関係性はもっと深く、まるで家族のような深い絆と信頼関係で結ばれることなのです。

“信頼関係の輪”の構築が介護施設の持続可能性を高める

この信頼関係の輪がつながり、コミュニケーションが活性化されることは、遠回りなようで実は経営の好循環を回す肝になっています。

かなりやでは、職員同士が自分の推し活の話題など、何げない雑談を和気あいあいと楽しんでいます。うちの80代のベテラン看護師は、20代のスタッフに対して「おい、孫。勝手に大きくなりやがって……」と冗談めかして話しかけます。

従業員同士だけではなく、利用者とも家族のような関係を築いています。私には2人の子どもがいますが、子どもが小さい頃は利用者が「子どもの面倒を見てやるぞ」と言ってくれたので、職場に連れて来ていました。子どもたちも利用者に宿題を見てもらうなどして、私が仕事をしていてあまり甘えさせてあげられなかった分、利用者に甘えていました。子連れ出勤を基本的にOKにしているので、私以外にも利用者に子どもの面倒を見てもらったという職員はほかにもいます。代表である母も子どもの面倒を見るのが大好きだったので、積極的に職員の子どもの面倒を見るようになり、子どもたちも母を「かなりやばあば」と呼んで慕っていました。

地域の人も施設に気軽に立ち寄り、ボランティアとしてレクリエーションなどを手伝ってくれています。また、いざという時には助け舟を出してくれることもあります。こうして職員、利用者、地域の人がそれぞれの立場を超えて交流し、家族のような温かい関係性を築いています。

信頼関係をさまざまな人と結ぶことで、「あの施設は家庭的で温かい雰囲気だ」という評判が立ち、利用者が利用者を呼び施設利用率の向上にもつながっています。「家庭的な雰囲気で、食事も家庭的だと聞いたからうちのおじいさんをお願いしたい」「いつも職員さんが元気よく挨拶をしてくれるので、あなたの施設でお願いしたい」と、温かい家庭的な関係性に魅力を感じて利用者が集まってくれています。

また、入社面接でかなりやを志望してくれる若い職員になぜ応募してくれたのかを聞くと「家庭的な施設だと聞いて応募しました」と言われることもよくあります。「家庭的な施設」という評判がいつしか、かなりやの代名詞のようになり、人材を呼び込むキーワードにもなっているのです。

働き手がいきいきと楽しく笑顔で働いていれば、その先にいる利用者にも気遣いにあふれた温かいケアが実現できます。そして、利用者も穏やかに楽しく過ごせるようになります。家では精神的に不安定で家族とトラブルを起こしていた人が、かなりやに来ると精神的に落ち着くことがよくあります。そうすると職員としても無用なトラブルが減り、穏やかに利用者との時間を楽しみながら働くことができ、なにより大切な家族を預けている利用者家族も安心できます。そうなれば、利用者家族に関わる多くの地域の人たちにとってもプラスに働きます。

信頼関係の輪がつながることで、みんなが幸せになり施設の収益も上がり、安定した介護施設運営が可能になるのです。

信頼関係の輪をつなぐことで何が変わるのか

職員、利用者、地域の人々――関わる人たちと家族のような温かい関係性を築くことのいちばんのメリットは、関係者間の信頼と絆が形成されることです。とりわけ利用者との信頼関係は、こちらのケアの方針に納得してもらいスムーズに施設運営を進めるうえで非常に重要です。

一方で、一口に信頼関係といっても、相手も人ですから「これが最適だ」という正解があるわけではありません。

コミュニケーションの些細《ささい》な行き違いから関係性がこじれると、利用者を失うことにもなりかねません。利用者やその家族にとって介護施設選びは、人生に関わる大きな決断でありプレッシャーが伴います。だからこそ深い信頼関係を築くことが、事業者にとって大きな課題となっているのです。

私たちが利用者と信頼関係を築くために創業以来24年間徹底してきたのは、利用者を家族のように思い、人として大切にするということです。こちらがまず敬意を示して歩み寄らなければ、信頼関係を構築できません。創業者である母は、何かにつけて「高齢者は人生の大先輩だから、敬意を持って接せよ」と言っていました。


反面教師にしたいエピソードがあります。ある時、かなりやと併用して別のデイサービスに行っていた利用者が「俺はこんな屈辱的な経験をしたことはねえわ」とその施設で手渡された駄菓子をかなりやの事務所内に投げ入れました。

話を聞くと、「あのデイサービスは、こどもの日だからって、俺にこんな菓子をくれたんだ。人をバカにするにもほどがある」と教えてくれました。どうやら別のデイサービスで、こどもの日のお祝いとして、駄菓子の詰め合わせをもらってきたようでした。

その話を聞いて、母と「こういうことだけは絶対にしちゃいかんね」と話し合った記憶があります。世間一般では、「お年寄りは子どもにかえる」といって、高齢者をまるで子どものように扱う施設もあると聞きます。

しかし利用者は長年人生を歩んできており、さまざまな経験を重ねた人生の先輩です。長年企業に勤めて要職に就いていた人、主婦として何十年も家族を支えてきた人、苦労をしながら親や義理の親を介護してきた人、農家として困難な状況を乗り越えてきた人、時代に先駆けて女性としてキャリアを築いた人など、皆それぞれ豊かな人生を歩み自分自身にプライドを持っています。こちらにその意図がなくても、プライドが傷つけられればバカにされていると感じて、不機嫌になったりイライラしたりするのも当然のことです。

利用者と信頼関係を築くには、まず相手を人として尊重しなくてはなりません。かなりやでは、利用者のことを「おじいちゃん」「おばあちゃん」などとは決して呼ばず、必ず名前で呼ぶようにしています。

例えば、こんな事例があります。ある時、ある利用者をいつものように名前で呼びかけると、急にぼろぼろ涙を流し始めたことがありました。不思議に思って理由を聞くと、「久しぶりに名前で呼ばれた。結婚して名字が変わり、出産後はずっと○○ちゃんのお母さん。気がついたら名前で呼ばれることなんてなくなっていた」と話してくれたのです。

高齢になると「おばあちゃん」「おじいちゃん」としか呼ばれなくなってしまう人は少なくありません。施設で過ごす時間は、自分自身にかえり、のびのび過ごしてもらいたいと考えています。

家族のような信頼関係を築く重要性

利用者と家族のような深い信頼関係がないとどうなってしまうのか、痛感した出来事がありました。

以前ある若いスタッフが、利用者と信頼関係をうまく築けないままベテランのスタッフと同じような言葉遣いで利用者に接しました。するとのちほど、その利用者は、私に向かって「ふざけるな！　明日でここを出ていく。こんなバカにされた話はない。お前に言われるならまだしも、何で昨日今日入ったような若造にこんな口の利き方をされないといけないんだ」と激怒して言い放ちました。

私と母はとても慌て、理由を聞いて土下座をしてまで止めました。しかし、その利用者の気持ちが治まることはありませんでした。

別の時には、視覚障害のある人への対応で掛けられた、こんな言葉が心に残っています。

「俺の怖さがわかるか？　本当にわかろうとしてくれているのか、そういうことは目が見えないほうがわかるんだぞ。あのスタッフは上辺だけの声掛けをしやがって、本当に俺のことをわかろうとはしていなかった」

それまで私自身、深い信頼関係というものがどういうものなのか、理解していなかった気がします。相手をいかに理解しようとするのか、その姿勢こそが大切なのだと思い知らされました。

認知症にしても障害にしても人それぞれ症状は違いますし、対応方法も異なります。例えば、認知症にもアルツハイマー型やレビー小体型、脳血管性など種類があり、特徴的な症状や進行スピードが異なるのです。そういう人たちの状況をまずは私たちがしっかりと勉強し、誠心誠意相手を知ろうとすることが大切なのです。

また、自立を支援するうえでは、その人のできること、できないこと、できないけれどやりたいことなどをしっかりと理解したうえでフォローすることが大切です。

手を出し過ぎてしまえば、昨今よく話題になる「優しい虐待」にもなりかねません。介護者が利用者の自立を阻害してしまうのです。こちらは善意でケアをしているつもりでも、結局は利用者がその人らしく生きる権利を奪ってしまっているのです。

母が職員全員の前で言ったことがあります。

「自分から利用者をわかろうとしない限りは、絶対に信頼関係は生まれないぞ」と。

今では、まずは自分から利用者に歩み寄らない限り、信頼関係の最初の一歩は築くことはできないのだと、どの職員も理解しているはずです。全職員がそのことを肝に銘じて、利用者と接しています。

利用者を人間的に大切にすることは介護のやりがいにつながる

利用者を人として大切にするということは、介護する側の滅私奉公のようなものではありません。相手の尊厳を守ることで、介護する側である私たちも尊重してもらえるということにもつながるのです。

介護は精神的にも肉体的にも負担が大きく、疲弊してしまうことも多々あります。やりがいを見つけられずに苦しみ、離職してしまうこともあります。

私自身がこの仕事のやりがいは何かと考えた時に、思い出す出来事があります。

当時私は40代前半で、母の仕事を手伝い始めたばかりでした。夜七時頃に高齢の夫婦の家に訪問介護に行ったものの、私はまだ仕事に慣れておらず、一つひとつのケアにとても緊張していました。オムツ替えなど一連のケアを終え、「ありがとうございました」とお礼を言って去ろうとした時に、いつもはシャイなご主人が「ありがとうな。気をつけて帰れよ」と言ってくれたのです。

その時のご主人の言葉がとてもうれしかったのを今でもよく覚えています。

私は決してお礼を言ってもらいたくて仕事をしていたわけではありません。しかし、「ありがとう」という言葉を聞いた瞬間、私たちが相手を人間として大切にしているという思いが伝わったのだとうれしくなりました。こちらの思いが伝わったからこそ、私も人間として尊重してもらえたのだと感じたのです。

介護者の中には「ありがとう」とお礼を言われるのは、当然のことと思う人もいるかもしれません。それでも、こちらの誠意が伝わり相手に信頼してもらえた時の喜びは、何物にも代えがたいものがあります。相手に歩み寄ってほしいなら、まずは自分たちから歩み寄ることです。毎回関係の構築がうまくいくわけではありませんが、一度こうした思いがつながる喜びを経験すると、仕事を続ける原動力にもなります。

職員間のコミュニケーションを密にして重大事故を防ぐ

重大事故を防ぎ、利用者一人ひとりのニーズに合わせた適切なケアを提供するためには、利用者と職員の信頼関係はもちろんですが、職員間の深い信頼関係も重要です。

介護現場では記録の作成や申し送り、多職種との連携など、日々の業務でコミュニケーションが欠かせません。一方で、わずかな言葉の行き違い、伝達ミスが重大な事故につながる危険性もあります。

実際、全国の介護施設で起きた過去の事故事例をみると、コミュニケーション不足が背景にあったものが後を絶ちません。転倒や骨折、行方不明、虐待など利用者の生命や尊厳に関わる重大な事故に発展した例も少なくありません。重大事故を防ぐためには、そのきっかけとなる小さなミスやヒヤリハットに気が付き、全職員で共有していくことがとても大切です。

かなりやでは毎月第一水曜日に定例の職員ミーティングを開き、利用者の情報を共有するようにしています。また、ミーティング以外にも「情報共有ノート」を事務所に置いています。何でもこれに書き込み、日常的に情報を共有することが重要だと感じています。

職員がちょっとした悩みを言いにくい環境下では、本人たちもストレスがたまりますし、ミスや事故にもつながりやすいのです。

「本当は調理が苦手なのに調理担当になってしまった」

「用具の場所が本当はわからないけど、いまさら聞けない」

「いつも強く当たってくる○○さんが苦手…」

職員も人間ですから、得意不得意もありますし、相性の悪い利用者もいると思います。本人が深刻に悩んでいるようなことを一言話してくれさえすれば、すぐに解決策が見つかることもたくさんあります。

まずは職員同士が何げない悩みを話し合えるような信頼関係で結ばれることが大切です。どんな小さな悩みも頭ごなしに否定されず、受け止めてもらえるという安心感こそが、従業員間における家族のような信頼関係の構築につながるのです。

施設に関わる人全員が〝広告塔〟になってくれる

介護施設に関わる人すべてが「家族」になれば、広告塔の役割として良い評判を広げてくれるようになります。

例えば、うちの職員はどこでも元気に挨拶してくれるので、「アンタのところの職員はいつも気持ちがいいな」とよく言ってもらえます。中には施設の制服を着たまま、「ちょっと時間がないので」と子どもの授業参観に行く人もいます。するとそれを見た父兄の人が「いつも挨拶をしてくれる、あの朗らかな人がスタッフで働いている施設」と認識してくれて、利用者獲得や新規スタッフの獲得のきっかけにもなります。

どこか現実味のない話のように聞こえるかもしれませんが、我々のような地域密着の介護施設の場合、広告を打ったりSNSを展開したりして集客するよりも、そういった地域の評判を高めることのほうが利用者獲得につながるというケースはよくあります。にこにこ笑顔で談笑して、元気に働いている職員の姿こそが、かなりやを広める「広告」になっているのです。

また、今は運転手が退職したため廃業してしまいましたが、かつて介護タクシー事業をしていた時に、運転手が「ちょっと名刺を配ってきます」と病院の待合室で施設名の入った自分の名刺を配ってくれたことがありました。あとで、タクシーの利用者から「待合室で、元気なお兄ちゃんから名刺をもらってね。あなたのところにおじいちゃんを頼むことにしたの」と言ってもらえたことがあったのです。

人と人とのつながりの大切さに最近驚かされたことがあります。ある出入り業者の人と仲良くなったのですが、その人は母を気に入って、母の亡くなった後、母を題材にした「奇跡のカナリヤ」というオリジナルソングを作ってくれたのです。ギターがとても上手な人なので、その歌を母との思い出話とともに、全国の介護施設などで弾き語りで披露してくれています。縁を大切にした母のことをこんなに素敵な形で伝えてくれるなんて、ととても嬉しくなりました。

私たち中小零細介護事業者は、経営者が高齢化していることもあり、ＰＲが得意ではないところも多いと思います。実のところ、私たちは目立ったＰＲや大規模な広告を出しているわけではありません。しかし評判が広がって利用希望者が来る裏側には、こうした草の根の応援団がいてくれるからだと思います。

事業が拡大できたのは人のつながりのおかげ

そもそもかなりやがここまで人の縁やつながり、家族のような信頼関係を重視するようになったのには、創業者である母の思いが深く関係しています。

もともと母は、鹿児島県から愛知県碧南市に嫁入りしてきた、いわばよそ者でした。未経験でデイサービスを設立した当初は「地元の人の名前ではない」「よそ者が介護施設をやるなんて」と土地さえも見つからなかったそうです。それだけではなく、事業開始当初はいたずら電話や、「命が惜しかったら、さっさと地元に帰れ」という脅迫電話すらあったそうです。そのことをのちのち母が笑いながら教えてくれ、私は「なんて怖いもの知らずの人なんだ」と驚かされたものです。


そんな母だったからこそ、「どんな相手に対しても適当な行動を取るな」とよく言っていました。また、「今すぐ縁がなくても、何十年後かにふとしたことでまたつながるかもしれないので、誠実に常に笑顔で接するように」と言うのが母の口癖でした。

母が地元の人ではなかったため、私自身も幼少期より周囲からよそ者扱いされて育ちました。ですが、母からは「とにかく笑顔で挨拶しろ。そうすればいつか必ず誰かが応えてくれる」と教えられてきました。実際、早起きしてよく母と弟と3人でウォーキングやランニングをして、畑仕事をしている人に声かけなどをしていました。

そんな母の、あらゆる縁を大切にした人付き合いこそ財産なのだという考え方に、心底共感した出来事があります。サ高住を建てる土地が見つかった時のことです。多くの介護施設では土地を探す際、不動産やデベロッパーなどから「こんな土地がありますがどうですか？」と紹介してもらうことが一般的だと思います。しかし、自分が希望していたような土地を見つけるのは相当な時間や運が必要です。母もずっとサ高住をやりたくて、長い間建設用地を探していたのですが、なかなか見つかりませんでした。

しかし、ある時突然、デイサービスの施設のすぐ向かい側の土地を譲ってくれるという人が現れたのです。私たちにとってはまさに渡りに船です。それは畑をやっている夫婦が持っている土地でした。

譲ってくれたきっかけは、母が農作業中の夫婦に差し入れをしていたことにありました。夏の暑い時期にはアイスコーヒーや凍ったタオルを、冬には「焼き芋を作ったよ」と言って持ってきたことなどを、とてもありがたく思っていたそうです。

そうした付き合いをしていた間柄でしたが、農業の継続が難しくなったため、「土地を譲るなら、よそから引っ越してきて一人で介護施設を始めたあの人に譲りたい」と思ったとのことでした。この時ほど私自身も、縁というものの大切さを感じたことはありません。

もちろん母には、いつか土地を譲ってほしいといった下心があったわけではありません。ただ人の縁を大切にしたいという思いで、人を喜ばすようなことを続けていただけのことです。

この人たち以外にも、近所の公園で知らない男女が寒そうにしているところを見た母から、「佳子、あの2人に焼き芋を持って行ってやれ」と命じられ、持って行ったこともあります。つまりは、おせっかいなのです。

しかし、そうしたおせっかいが、巡り巡って母がやりたかったサ高住の土地を譲ってもらえることになったのですから、母が正しかったのだと実感させられるエピソードです

経営が厳しかった時も人の縁が助けてくれた

人と人とのつながりが介護施設経営にとって最も重要であると、身をもって肌で感じた出来事はほかにもあります。実は、かなりやは過去に何度か経営的な危機に見舞われたことがありました。その時、復活のきっかけになったのも人と人との縁だったのです。

今の介護施設を建てた時に、約2億円の借金を負いました。しかし、1カ月間利用者がなく、大赤字になったことがあります。それでも職員には給料を支払わなくてはいけませんし、光熱水費などの経費も当然支払わなくてはなりません。どうしようかとほとほと困り果てていたところ、ある市議会議員が身内のおばあちゃんを紹介してくれ、そこから一気に利用者が増え、何とか首の皮一枚でつながることができました。

また、創業したばかりで国から融資を受けていた頃、介護保険の入金時期を勘違いし、会社の資金が不足してしまったこともありました。当てが外れて大変苦しかったのですが、たまたま地元の金融機関の担当者が「女性でここまで頑張っているなんて、すごいですね」と共感してくれ、融資を決めてくれたのです。この人のおかげでなんとか倒産せずに済み、従業員に給料を払って経営を続けることができました。母は亡くなる前まで「あの人のおかげで仕事を続けてこられた」とことあるごとに感謝していました。

地域の人とのつながりでいえば、こんなこともありました。私がまだ幼かった頃、母と弟と3人で毎日、早朝からランニングしていました。走っていると農家の人や散歩中の人とすれ違いますが、私たちは初対面の人も含めて皆に挨拶していました。

そんなある日のことです。母と2人で道を歩いていると、毎朝ランニング中に挨拶していた人とばったり会いました。すると彼女から「いつもランニングしている親子ですよね？　今度からうちのおばあちゃんが、おたくの施設でお世話になることにしたからよろしくね」と言われました。施設への入居という大きなことを、毎朝挨拶するだけだった人から告げられたので、母は驚いて言葉を失いました。後日、本当に連絡が来てさらに驚きました。単なる挨拶だけの関係でしたが、私たちが信頼できる人だと感じてもらえたのかもしれません。これも母が言っていた「人財」の力だと改めて感じた出来事でした。

人と人との縁で利用者を紹介してもらったケースは、枚挙にいとまがありません。私自身もいろいろな縁で、介護の相談を受けることがあるのですが、自分自身の利益になろうとならなかろうと「こういう訪看さんがいるよ」などと紹介することがあります。お互いに紹介し合えるというのは、信頼関係があってこそだと思います。

介護は効率性だけを追い求めてはいけない

もちろん、人と人との縁を大切にすることが、必ずしもすべて直接的な利益につながるわけではありません。むしろ短期的には、コストがかさむだけのこともよくあります。母も私も、すぐに見返りを求めるタイプではないため、採算度外視で利用者や職員のためにあれこれ尽くし、税理士から「もっと経営者としての自覚を持ってください」と注意されることもあるほどです。

それでも私は、ご縁をつなげていけば必ず巡り巡って信頼関係が深まり、結果として利用者や職員ひいては地域コミュニティにとってより良い循環が生まれると確信しています。それは最近流行の「タイムパフォーマンス（タイパ）」「コストパフォーマンス（コスパ）」といった効率重視の考え方とは対極に位置するかもしれません。

母は生前よく、目に見えることだけが営業成績じゃない、と繰り返し言っていました。人と人との絆は目に見えません。それでも、実は事業の屋台骨を支える核となるものです。一見、遠回りに思えるようなことが、実は安定経営には不可欠なのです。

また、昨今では介護保険の報酬改定により、介護報酬は下がる一方です。処遇改善加算の見直しはあったものの、肝心の報酬はなかなか上がりません。加算を取得するためには、多くの書類を作成しなければなりません。複雑な書類に囲まれながら、日常業務に追われます。本当に加算が取得できるのであれば、わかりやすい書類にすべきです。そもそも、本当に必要な介護報酬であるならば、加算ではなく介護報酬にすることを強く願っています。

介護事業所の中には、大手企業や大病院が後ろ盾になって経営している施設も多くあります。すべてがそうだとはいいませんが、そういった大手の事業所の中には利益や効率性ばかりが重視され、限られた時間の中でプログラムを淡々とこなしていくような施設もあります。利用者が最も楽しみにしている入浴や食事の時間さえも、決められた時間内でベルトコンベアのように淡々と機械的に済まされてしまうのです。また排泄《はいせつ》は本来、人の尊厳に関わる大切なことですが、介助があれば自分でトイレに行ける人も効率を優先されてリハビリパンツをはかされてしまうこともよくあります。

ある利用者家族から言われてうれしかったのが、「あなたの施設に通うようになって、リハビリパンツを買う回数が減った」という言葉でした。かなりやの一日の最大利用定員は18人です。風呂場のトイレも活用すればトイレは3つあるので、利用者をトイレで長く待たせることがありません。このため機能訓練もかねて、できるだけ自力でトイレに行ってもらうようにしています。以前勤務していた機能訓練士が勉強熱心な人だったので、彼女の指導の下、あえてトイレまでの道のりに障害物を置いてみるといったリハビリも取り入れました。

その結果、ほかのデイサービスではリハビリパンツを使っていた利用者のなかには、かなりやに来るようになってリハビリパンツから卒業できた人もいます。利用者は濡れたリハビリパンツで気持ち悪い思いをしなくて済むので、快適にデイサービスを楽しめます。

また、排泄を自分自身でコントロールできるということは、生活するうえでの自信を取り戻すことにもつながります。そして、利用者家族にとっても、リハビリパンツを購入するという金銭的・時間的な負担を背負わなくてよくなります。

施設としてはリハビリパンツをはいてもらったほうが、トイレに誘う手間も省けますし、排泄の失敗も少なくて済みます。しかし、せっかくかなりやに入居してくれたからには歩ける人にはもっと歩けるようになってほしいし、排泄を自分でできるようになってほしいと思います。手間はかかりますが、人のために手間を惜しまないのが、「かなりやらしさ」だと思っています。

そうした人を大切にする家庭的な施設であるということが、多くの企業が介護事業に参入するなかでほかの施設と差別化する要素となり、結果、地域から必要とされる施設になるという好循環が回るようになるのです。

家族になれば、人と人とのつながりが強固になる

家族のような深い信頼関係を築くことは、一貫性のある介護を行ううえで非常に重要です。介護施設の仕事は、施設内のスタッフだけで完結するものではありません。たくさんの介護従事者や医療従事者と綿密にコミュニケーションを取りながらケアを進めなくてはなりません。

私たちがどんなに人を大切にするケアを心がけていても、医師や訪問看護師の承認がなければ適切なケアができなくなってしまうこともあります。コミュニケーションを密にし、情報の透明性を高め、一つのチームとして連携してケアに当たる必要があります。

リハビリや機能訓練の面でも、「なぜこれをしなくてはいけないのか」と利用者から尋ねられることも多々あります。そんな時、ケアマネジャーなどからの指示であるときちん

と裏付けが取れていれば「こういう症状が出ているから、こういう運動が必要なのです」と説明ができます。そうすれば利用者側も納得して、こちらのケアにスムーズに協力してくれます。

かなりやでは訪れるどんな人も玄関先で待たせず、必ず上がってお茶を飲んでもらいます。出入り業者であっても、「おなかすいているでしょう」とご飯を出すこともあります。「ここは定食屋か？」と冗談めかしてからかわれることさえあるほどです。

こうしたことによって縁がつながり、ボランティアをしてくれるようになった人や、かなりやで働くことになった人がたくさんいます。人との縁を大切にし、施設に関わるあらゆる人を信頼の輪でつなぐ「ひと（人）つなぎの介護施設」こそ、私たちが24年かけてたどり着いた地域や人々に本当に求められる施設の形なのです。

［第3章］

〝一緒に働くのが楽しい〟環境をつくる
職員と職員をつなげ
人が辞めない職場へ

職員が正直に気持ちを伝えられる環境が必須

職員が長く心地よく働き続けられるための職場環境を整えるためには、まず職員間のコミュニケーションが活発で、職員が老いも若きも言いたいことを言い合える環境が求められると考えています。

しかし、一般の介護施設現場では、なかなか職員間のコミュニケーションの増進ができず、悩みを抱えている介護事業者は多いと感じています。これには介護職独特の事情があります。

昨今は人手不足もあり、従業員の高齢化が進み、ベテランの職員は70代、80代も少なくありません。いわば2世代ほどのジェネレーションギャップもあるなかで、孫のような世代である10代、20代の職員ともスムーズにコミュニケーションをとっていかなくてはなりません。核家族化が進み、高齢の人と話すらしたことのない若い人もおり、いかに若手にとってもベテランにとってもストレスなく働ける環境を作るのかは、介護経営者にとって共通の課題かと思います。

ただ、よくありがちなのが、先輩やベテランが若手に歩み寄らずに、考えを押し付けてしまうことです。こうした高圧的な態度は、若手職員の離職にもつながります。ベテランも嫌な思いをせず、かつ若手ものびのび働けるような関係性を作り上げることが何より重要なのです。

これは介護の現場に限った話ではありません。ある職員は、今は同じ介護施設で働いてくれていますが、かつては保育園で保育士として働いていました。その施設は決してコミュニケーションが取れていない施設ではありませんでしたが、時に上司の気分次第では話を聞いてもらえないような雰囲気があり、意見を言うのを諦めてしまうようなこともあったそうです。保育と介護という違いはありますが、職員が正直に思っていることを伝えることができ、それをきちんと受け止めてもらえるという安心感のある職場でなければ、長く働くことは難しいと思います。

さらには、昨今では、人材不足解消のために、外国人人材の登用も進んでいます。かなりやにも長く働いてくれている外国籍の人がいますが、互いにとってより良い関係性を築くためには、コミュニケーション上の工夫が必要だと感じています。

先日も地域の介護施設の会合に参加した際に、ほかの施設から、なぜかなりやは離職率を低く抑えられているのか、と尋ねられました。やはりほかの施設の人は、特に若手がすぐに辞てしまい、人材不足に悩んでいるようでした。

私としては特に離職を防ぐために何かを意図的にやっているわけではないので、ほかの施設の人と話しながら考えていたのですが、仕事中に困ったことをすぐに報告や相談ができる環境があるかどうかが、非常に重要なのだと気づきました。

創業者である母も「職員が〝ポロリ〟できる環境を作らないといけない。それがお前の経営者としての役割だ」とよく言っていました。「ポロリ」とは、職員が弱音や悩み、何げない本音を気軽に吐きだせる、という意味です。

そんな「ポロリ」を引き出し、職員が雑談しやすい雰囲気づくりのため、かなりやではさまざまな取り組みを行っています。その一つが、職員間の「お茶の時間」です。コーヒーやちょっとしたお菓子をつまみながら、職員同士がざっくばらんに話をするのです。

もちろん私も参加して、たわいもない話をすることがよくあります。そこでは仕事に全然関係のないプライベートの話もしますし、

「どうしてそんなに上手に身体介護ができるの？」

「利用者の○○さんからこんなことを言われて困ったんだけど、どうすればいいの？」

「オムツ替えがどうしても苦手なんだけど、どうすれば上手にできるの？」

「調理が苦手なんだけれど、どうすれば効率的に品数を増やせるの？」

といった些細なことまでざっくばらんに会話が交わされます。おそらく本人たちは、報告や相談をしているという感覚すらないと思いますが、そういったことを気軽に相談できる環境を整えることで、自然に課題を解決していっているのだと思います。


特に若い職員だと「人に相談するのが苦手」という人も多くいます。ただちょっとしたことが聞けないだけで、利用者の情報が得られず上手に対応ができなかったり、モノの場所がわからずにまごついてしまったりすることで、ミスを生み、利用者からのクレームにつながってしまうこともあります。そういった小さなクレームが、巡り巡って重大事故につながってしまう危険性もあります。雑談しやすい環境は、職員にとっても、利用者に

とっても、非常に重要な要素だと考えています。

母はよく、「井戸端会議と雑談を大事にできなくなったら経営者として失格だ。井戸端会議って、会議とつくくらいだからとても大切なものなんだよ。得られるものがたくさんあるからね」と言っていました。私はただおしゃべりが好きなので苦もなく実現できましたが、今になってその大切さを改めて感じています。

「お茶の時間」は、最初は母が小さなデイサービスから創業した頃、仕事が終わった後に職員と「小腹すいちゃったね、何か食べようか」とコンビニで何かを買ってきて一緒に食べながら雑談をしていたところから始まったように思います。そこで「実は結婚しようと思うんだけど、決め手がなくて……」「実は離婚したいのだけれど……」といった、プライベートの相談に乗ることもありました。どんなに忙しくても、従業員と話す時間は必ず意識して作るようにしています。

本当は従業員と話しているばかりではなく、経営者としての仕事を進めなければならないのかもしれないですが、私は何より従業員と利用者に時間をいちばん使いたいと思っています。大病院などが後押ししているような施設ではなく、個人経営の小さな施設だからこそ、好きなように自由にやれているのかもしれません。

職員と経営者は切っても切れない関係であれ

かなりやでは、いつも職員がワイワイと話しており、出入りの業者や面会の家族にも「いつ来ても明るい職場だね」と言ってもらえることもよくあります。なぜかなりやでは、コミュニケーションが活発なのかというと、正直なところ私自身はそれほど意識的に何かに取り組んでいたわけではありませんでした。ただ、今回改めて職員に理由を尋ねてみると、「久野さんが心を開いてくれるから、こういう関係になったんじゃないですか。オープンハートですよ」と言ってくれる職員がいました。

確かに、私も経営の悩みや子育てや家族関係の悩み事など、さまざまなことをざっくばらんに職員に相談しています。実は私は離婚経験者なのですが、夫婦関係の悩みも包み隠さず従業員にオープンにしていました。

もしかすると職員からは頼りないと思われているかもしれません。もちろん、好かれようとしてやっていることではないのですが、ただ心を開いてもらうには、まず自分から心を開くということも大切なのかもしれません。創業者である母からよく「みんなに守ってもらえる経営者でいなさい」と常々言われていましたし、実際にいつも職員に守ってもらえていると感じています。私自身、母が代表の頃は、一スタッフとして働いていたこともあり、従業員は何でも相談できる家族のような存在です。

私は確かに介護施設経営者ですが、常日頃から現場に立ち、介護について最も詳しいのは、ほかならぬ職員であり、職員のほうがよほど介護のプロフェッショナルなのです。まずは現場の職員の声をよく聞き、意見を尊重することを第一に考えています。母からも「現場の意見はいったんは聞き入れなさい。法律的にこれは難しい、などということはそれから判断すればいい。まずは経営者が受け入れる姿勢を持たないと、離職につながってしまうよ」とよく言われていました。

「身内のように接する」ことが大切

かなりやでは、面接に来てくれた人は縁があってきてくれた人なので、「まったく挨拶ができない」「清潔感がない」などよほどのことがない限りは、ほとんどの人を採用しています。なかには介護未経験で不安そうにしている人もいましたが、私たちが家族のように接しているなかで、次第に心を開いてくれ、なじんでくれるようになりました。

私は職員を、みんな大切な自慢の家族だと思っています。悩みや不満も包み隠さず話し、困った時には助け合うことができています。人の縁を大切にしてきた結果、ごく自然に今のような関係性になった、というのが正直なところで、時におせっかいなくらい、従業員の健康や悩みに寄り添っています。

例えば、食が細かったり、持病を持っていたりする職員には目配りをするようにしていますし、病気で休職せざるを得なかった職員とも定期的に連絡を取るようにしています。

いつも驚かれるのですが、職員には無償で朝ごはんと夜食を提供しています。始めたきっかけは、ある若いスタッフがご飯を食べずに出勤してきて、午前中に貧血で倒れてしまったということがありました。「朝ごはんを食べてきたほうがいいよ」とアドバイスしたのですが、彼女はまだ若いですし、朝ごはんを用意する時間よりも寝る時間を優先したいという気持ちもわかります。

そこで、冷蔵庫にあるものを活用して、おにぎりを握ったり、食材の残りを活用してスムージーを作ったり、サンドイッチを作ったりしています。どれもごくごく簡単なものなのですが、セルフサービスで自由に食べていいことにしたのです。冷蔵庫の具合によって、ピザトーストやハンバーグサンドなどハイカロリーなものも出しているので、冗談で「太っちゃって困る」などと従業員からクレームが来ることもあります。

このほかにも夜勤者に餅投げ（碧南市では厄年の男性が神事として餅を投げる風習があります）でもらったお餅でお汁粉を作ったり、母の実家の鹿児島県の親戚がいつも送ってくれるサツマイモを使って鬼饅頭（東海地域でよく食べられる、サツマイモと小麦粉で作るお饅頭）を作ったりします。どれも「お腹が空いていたら仕事にならないよね」という単純な思いから始めたことなのですが、単に従業員の世話を焼きたい、おせっかいなのかもしれません。
　こうして従業員の健康を第一に考えてきた結果、2018年以降、経済産業省の健康経営優良法人に5回認定されています。私や母としては、従業員に元気に健康で働き続けてほしいというごく当たり前の気持ちで続けてきたことです。

　おせっかいといえば、こんなこともありました。ある時、女性の職員の様子が前日よりおかしかったので心配になり、退勤後も気がかりで自宅へ様子を見に行ったのです。そして病院に連れていったところ脳梗塞を起こしていたことがわかりました。後遺症が残れば身体的にも障害が残ったり、記憶障害を引き起こしたりする深刻な病気です。彼女は離婚してシングルマザーとして働いていたのですが、家庭の事情から家族を頼れず、身元保証人がいない状態でした。当時、身元保証人だった母が寝たきりになっていたこともあり、私が身元保証人となって、彼女が望む今後の人生を送れるようにサポートしていくことにしました。シングルマザーという同じ立場でもあり、ほうっておくことができなかったのです。ある意味、身内以上のおせっかいを働いてしまったと思います。

しかし、私にとって職員とは、何に代えても大切にしたい存在なのです。やれるところまでは面倒を見よう、と覚悟をしていたのですが、何と彼女は幸いなことに、後遺症もなく、今でも元気にかなりやで働いてくれています。

本当の身内のような気持ちで接するまごころは、必ず職員にも伝わります。

最近では、若者を中心に職場の関係性がドライになり、若者の中には、家族のような密なコミュニケーションを職場に求めない人も増えているといいます。ただ、私の感覚ですと、みんながみんなそうではないように思います。実際、かなりやを志望して面接に来てくれた若い人の中には「温かく家庭的な施設だと聞いて志望しました」という人もいますし、そういう人はたいてい仕事も長続きします。

確かに密なコミュニケーションが合わずに辞めてしまった人もいるのですが、初めはよそよそしくても、1カ月もたたないうちになじんでいく人もいます。「若者は親密なコミュニケーションを嫌う」と思いこまずに、相手に合ったコミュニケーションをしていくことが大切なのだと感じています。

オープンでフラットな関係性をつくる

一方、いくら家族のような関係性といっても、なれ合いは良くありません。かなりやも、創業者である母から引き継いだ施設ですが、小規模・零細の介護施設は、家族で代々社長を引き継ぐ、いわゆる同族経営の施設がかなり多く存在します。同族経営そのものを否定する気はまったくありませんが、一般的に同族経営には、身内ならではの緩さが生まれてしまったり、創業家が権力を持ちすぎて従業員の声を聞かずに意見を無理やり通してしまったり、不平不満がたまりやすいこともあります。

実際、公益財団法人介護労働安定センターによる「令和4年度『介護労働実態調査』結果の概要について」(18ページ参照)でも、退職理由として最も多いのは「職場の人間関係に問題があったため」(27・5%)ですが、次に多いのが「法人や施設・事業所の理念や運営のあり方に不満があったため」(22・8%)となっています。こうした傾向は特に男性が顕著で、退職理由を男女別にまとめたデータでは、実に男性の30・3%がこの項目を退職理由に挙げており、離職理由としては最も多いという結果でした。
ここでいう「事業所の理念や施設運営への不満」は、すべてが同族経営に対する不満ではないかもしれませんが、透明性がない不公平感のある組織運営に不満を抱いて退職してしまう人が多いことは明らかです。

だからこそ、職員みんなが意見を言いやすい風通しのいい職場づくりは大切です。母はフラットな職場づくりのために、決して自分を「社長」と呼ばせず「小野寺さん」と名字で呼ばせていました。「職員あっての私。社長は職員」というくらい、母はその姿勢を徹底していました。普通にスタッフにまじって掃除していた母なので、出入りの業者の中には母が代表だと知らなかったといわれたこともあるほどです。母の死後、私が代表を引き継いだ現在でも、同じ姿勢を貫いています。私は代表という立場であるだけです。

職員の要望や感情に寄り添う

職員の素直な要望や感情に寄り添うことは、職場づくりで最も大切なことだといえます。

介護施設職員のいちばんの悩みは、休みが取りにくいことだと思います。介護職員のSNSアカウントをのぞいてみても、「スタッフが急病で休んだので管理者が何連勤もしている」「休みを取りたいけど代わってもらえない」といった投稿もよくみられます。どの施設でも慢性的な人手不足で、スタッフが休みにくい状況があるのだと思います。実はかなりやでも、それほど人員に余裕があるというわけではありませんが、できる限りスタッフの休みの希望にこたえるようにしています。職員には適度に息抜きをしてほしいですし、適度にリフレッシュすることが仕事を長く続けるいちばんの秘訣《ひけつ》のように思います。

「休みたい時に休む。その代わり、人の休みも尊重する」という雰囲気づくりを心掛けています。かなりやの職員は、韓流アイドルなど最近はやりの「推し活」に熱心なスタッフも多く、ライブなどのタイミングで休みを取りたいという人もいます。

一方、介護現場ではまだ、人の集まるイベントに職員が参加することに対して、「もし何か感染症にかかったりしたらどうするんだ」といった、冷たい視線が注がれることがあります。しかし、かなりやでは感染対策も万全です。「やましいことなど何もないんだから、気持ちよくいっておいで」と送り出すようにしています。

最近、あるところでマスクの推奨ではなく、強要される行為があったことを耳にしました。介護施設では確かに推奨されているマスクですが、強要ではありません。かなりやの利用者からも、「皆マスクをしていて顔がわからん！　何をしゃべっているかもわからんし」と、言われたことがあります。感染対策としては必要なマスクですが、「強要にあたる行為だけはしないように気を付けたいね」と、社内で話し合いました。

このような温かい職場づくりのために、私たちは以下の3つの軸に特に気を配っていました。

（1）意見が言いやすい風通しの良い職場づくり
（2）職員の「楽しい」をいちばんにする
（3）不本意な離職を防ぐ

以下、この3点について、具体策についてお伝えしたいと思います。

(1) 意見が言いやすい風通しのいい職場づくり

創業者の娘でも特別扱いされない職場づくり

母が最も心を砕いていたのが、風通しのいい職場づくりです。その姿勢を示すうえで象徴的なのが、娘である私の扱いでした。私は20代の時に、40代の母がデイサービスを創業したのを機に、仕事を手伝うようになりました。

ただ、スタッフが私を創業者の娘だからと気を遣わないように、あえて利用者や出入り業者などには、私が娘であることを公にしていませんでした。職場でも母のことは名字で呼んでいましたし、私も結婚して名字が違いましたので、利用者や出入り業者の中には今でも私と母の関係を知らないという人が多くいます。2023年に母が亡くなった時、葬儀で親族席に立つ私を見て、初めて親子関係を知った、という人もいるほどです。

実際、母は私のことを一切特別扱いせず、他の職員以上に厳しく指導しました。あまりの厳しさに「どうして私だけがこんな目に……」と泣きたくなったこともあったのですが、介護経営にとって必要なことをしっかりと教えてくれ、今となっては感謝しています。私も生前は恥ずかしくてなかなか感謝の言葉をかけることができなかったので、生きているうちに言ってあげられたらよかったと今は思います。

母の目論見通り、職員からも「小野寺さんが佳子ちゃんを特別扱いしなかったことに感謝をしているし、佳子ちゃんもそういう姿勢だったから今の今まで仕事を続けてこられている。特別扱いしていたらきっと辞めていた」と言われたこともありました。家族だけを大切にするのではなく、従業員みんなが「家族」であると接してきた気持ちが伝わったのだと思います。

現在は私の娘や息子も同じ施設で働いていますが、母は私に言っていたことと同じことを孫にももちろん言っていました。「おばあちゃんは身内を雇った覚えはない。一人の人間を雇ったのだから、くれぐれも間違った行動は取るなよ」と、決して孫だからといって甘やかしたりはしていませんでした。

若い職員が本音をこぼせる居場所づくり

かなりやには、高校を卒業したばかりの10代の職員も働いています。まだ社会人になりたてでコミュニケーションも慣れておらず、ストレスもたまりやすい状態にある彼ら、彼女らには、少しでもリラックスして働いてもらいたいと、施設が第二の我が家のように思えるような「居場所」づくりを心掛けています。私自身、代表ではありますが、年齢の若い一部の職員からは「ママ」と呼ばれています。私もふざけて「おう、娘」と応えもします。

母がまだ代表だった時に、私に対して「お前のそういうママ的役割が、実は重要なのかもしれないな。私には遠慮して言えないけれど、お前には言える本音があるのかもしれない」と私に言ってくれたことがありました。母は情に厚い一方で、誰に対しても厳しかったので、厳しく指導された若い子は萎縮してしまい、言いたいことを言いにくいこともあったかもしれません。

言わなくてはいけない時には私も厳しく指導しますが、母と同じほどに厳しくしようとは思っていません。少し頼りない、助けてあげたくなるくらいの相手のほうが、本音を言いやすいのかもしれません。

厳しさとやさしさのバランスで若手の定着を促す

一方で、若い従業員にはまだまだ目配りが必要だと感じることもあります。介護人材不足の影響で、介護業界には本当に多種多様な人材が入ってくるようになりました。仕事ができるかできないかは、年齢はあまり関係ないのですが、全体的な傾向として、やはり若い職員の中には、コミュニケーションが得意でなかったり、一般的な社会常識が備わっていないと感じられたりする人もいます。

ある時、介護保険の改定の関係で利用者から問い合わせがあったのですが、うまく答えられず相手を怒らせてしまい、私が慌てて謝罪に回ることがありました。ただ、彼女は代表が利用者に謝罪をしているということの大きさが理解できていないようでした。そういったことが多々あるので、やはり一定の目配りをしつつ、育てていくことが大切なのではないかと感じます。

つい先日も、あるスタッフに「書類をポストに出しておいてほしい」と頼んだのですが、その書類がそのまま返送されてきたという事件がありました。不思議に思ってその書類を確認してみると、なんと切手が貼られていなかったというのです。

なぜ切手を貼らなかったのか尋ねると「久野さんから『書類をポストに出してほしい』と言われただけで、切手を貼れとは言われなかった」とのことでした。その時は驚いて言葉を失ってしまいましたが、確かによく考えると、今の10代後半や20代前半の子にとっては、メールやＬＩＮＥでのコミュニケーションが当たり前で、切手を貼って封筒を出す、といった経験をしてきていない子もかなりいます。自分の常識だけにとらわれ「知っていて当たり前」などと思わず、その子に合わせた指導やコミュニケーションも必要だと感じました。

そういう意味では、かなりやでは、人材育成のためのマニュアルも用意していません。必要な人に対して、次にやるべきこと、学ぶべきことを、その都度タイミングを見て教えるようにしています。体系的な人材育成にはマニュアルがあったほうがいいのかなと思うこともあるのですが、結局のところ、かなりや程度の規模ですと、このほうが効率がよく人材育成に取り組めるように思います。

一方で、利用者に対して不快な感情や恐怖感を与えないよう、見た目の清潔感には厳しくルールを設けています。例えば、茶髪やピアスなどは基本的にはNGですし、利用者を傷つけてしまうことがあるので、ネイルもNGです。ほかにも、きちんと挨拶をしなかったり、利用者に失礼な態度を取ったりする人には厳しく指導します。

若い職員であっても、地道に話をしていけば、そういったルールについては理解してくれる人が多いです。しばらく働くうちに「そうですよね。ここはそういう場所ですよね」と理解を示すようになってくれます。

ある職員は、私用で髪を染めたかったそうなのですが、職場が茶髪NGだということを理解したうえで、相談にきてくれました。たくさん話し合った結果、必ず洗えばすぐ落ちるヘアスプレーで対応すると約束してくれました。

母から私に代表が交代したことで、施設のルールがゆるくなったと思われないように気を付けると、周囲に相談して考えてくれたのです。自分なりに一生懸命に考えてくれた、その気持ちがとてもうれしかったです。

職種で壁を作らずコミュニケーションを取る

かなりやの職員のコミュニケーションが活発なのは、職種で壁を作らない組織風土があるからかもしれません。かなりやは、デイサービスや訪問介護、サ高住の事業を行っていますが、従業員はみな兼務という形ですべての事業に携わってくれ、職員全員がすべてのサービスの利用者について把握しています。ほかの介護施設の人と話すと、デイサービスはデイサービスの専門のスタッフが、訪問介護は訪問介護の専門のスタッフが担当するという役割分担がはっきりしているところが多いように思うので、あまり一般的ではないやり方かと思います。また、職種に関しても、調理スタッフや介護士など、一応の割り振りはあるものの、もともとは調理スタッフで入った人が介護職として働いていたりするケースもあり、職種の壁を作らずコミュニケーションをする風土があります。

実際、このような兼務体制だからこそ、皆がすべての業務を必然的に把握している必要があるため、スムーズに情報共有が進みやすい現状があるかもしれません。

また、一般的に介護現場でのコミュニケーションの問題として、介護と看護の考え方の違いにより、ケア方針で衝突が起こることが指摘されます。実は私たちの職場でも同様のことがありました。

当時は訪問看護事業を展開していたのですが、当時代表だった母が、訪問看護の管理者に「ここの訪問看護を契約していない入居者の人も、緊急時に見てもらうことはできないのか」と掛け合い、口論になったことがありました。訪問看護の担当者は「個人情報も既往歴も、状態もわからない人は診られない。小野寺さん（母）の考える『見る』と我々の『診る』は違うんだ」と言っていたことがすごく印象に残っています。

最終的には意見を交換し合い、母の主張を通すことは難しいという判断に至ったのですが、命を預かり、場合によっては裁判沙汰になるリスクさえある環境下の仕事をする看護師の責任の重さを感じるとともに、介護担当者でも、ある程度の医療的な知識を持たないと、看護師との円滑なコミュニケーションが難しくなってしまうという課題を痛感しました。

以降、それまで以上に多職種とのコミュニケーションを密にし、かなりや職員の医療的な知識の底上げに取り組んでいます。

(2) 職員の「楽しい」をいちばんにする

仕事は楽しいが当たり前

母は生前、職員に対して「仕事は楽しくね。楽しくなくなったら、退職を考えるとか、何か解決しなくてはいけない問題がある時だよ」と度々言っていました。

このためかなりやでは、何より職員が楽しく仕事ができるように考えていますし、楽しくなくなったらその理由を一緒に考えて、解決できるよう心がけています。楽しいと一口にいっても、仕事の楽しさは、プライベートで遊ぶ時に感じるような楽しさとは少し違います。利用者に喜んでもらえた時に感じる喜び、自分の仕事をやり遂げた時に感じる達成感、利用者やほかの職員と明るく言葉を交わせる喜び、黙々と作業に没頭できる感覚など、職員ごとに違った「仕事の楽しさ」があると思います。

介護の仕事は、肉体的・精神的につらいこともありますが、利用者から感謝の言葉をもらえたり、接し方によって機能回復してくれたりする、非常にやりがいのある仕事です。

より仕事の楽しさを感じるために、私から後押ししているわけではないのですが、かなりやでは職員が自主的に初任者研修や実務者研修、介護福祉士などの資格を取得していま す。ほとんどが無資格で入社しますが、今は全職員の６～７割が資格を取得しています。10代の若い職員から、未経験からスタートした職員も取得しています。多くのスタッフが資格取得しているので「私も頑張ろう」と奮起するスタッフもおり、みんなが資格取得する雰囲気を醸成してくれているように思います。

やはり資格取得は目標にもなりますし、新しいことを学ぶのは仕事の楽しさにも直結します。できることも増えますし、当然給料も増えます。


さらに、２０２４年度の介護保険の改定で、有資格者の待遇が改善されることになりました。これは裏を返せば、資格がないと業務がかなり制限されることになるので手放しに喜ぶ気にはならないのですが、資格を取ろうというモチベーションにはなるかと思います。

介護の仕事を離職する理由の一つに、キャリアパスが見通せないということがあります。しかし、資格を取っていれば、もし仮に別の施設に勤めることになったとしても、安定して仕事を続けることができますし、将来的な見通しも明るくなります。

適性と意欲次第で重要な仕事を任せる

かなりやでは適性と意欲さえあれば、年齢や勤続年数に関係なく、重要なポストにつけるようになっています。実際、デイサービスの介護責任者である私を支えてくれる管理者のポストは、20代の女性が担当しています。彼女は、非常にやる気があり、話し方も丁寧でとにかく真面目な人です。はじめは自信がなかったようですが、「何かあってもきっとサポートしてもらえるから、とにかくやってみよう」と勇気をもって挑んでくれたのです。

ポストを決めるときも、指名制で一方的に決めてしまうということはなく、極力自分から手を挙げてもらい、自主性のある人を優先するようにしています。あまりにも名乗り出る人がいない場合は「どう？　やってみない？」と声掛けすることもありますが、基本的には名乗り出てくれる、意欲のある人を優先して決めています。
もっとスキルアップしたい、稼げるようになりたいという思いを持った人は、たいてい仕事にも熱心に取り組んでくれます。そういった思いを持った人がなるべく増えてほしいという思いで、熱意ある人を優先する体制にしています。

また、もう辞めてしまったのですが、以前事務を担当してくれていた20歳の若い職員がある程度仕事ができそうだなとわかったので、愛知県に出す重要な書類の作成を頼んでいました。提出前にある程度はチェックしていたのですが、彼女の年齢でそれほど重要な仕事をまかされるケースは少ないらしく、退職する時も「周囲の友達からは、まだ雑用しかやらせてもらってないのにあなたはいいね、と言われた。本当にいい職場でした」と言ってもらえました。

86歳の看護師も活躍する、得意を伸ばせる職場環境

年齢関係なく活躍できる職場、というのは、若者だけが該当するのではありません。か

なりやは、平均年齢が60代の高齢化した職場なのですが、最高齢は86歳の看護師です。彼女は非常に目利きがいい看護師で、医師でも見抜けなかった脳梗塞にいち早く気づいてくれる、かなりやにはなくてはならない存在です。

若いスタッフのように最新の機材は使いこなせないので、できないことは無理強いさせません。一方で、彼女の長年の経験から導き出される、鋭い見立てにはもはや誰もかないません。年齢も年齢なので、常勤というわけにはいかないのですが、本人と相談しつつ、働きやすい形で仕事を続けてくれています。おかげで本人も病気の後遺症を抱えつつも、現在まで20年以上、元気に仕事を続けてくれています。

彼女はいつも職員のお茶の時間に、暑い時期や寒い時期のどんな様子の利用者に注意すればいいのかということや、薬のぬり方など、雑談の中で注意点を教えてくれ、私たちの医療知識の底上げをしてくれています。これぞ、まさに井戸端会議です。

ちなみに彼女は、数年前まで通信制の大学に通うほど勉強熱心なタイプで職員はみんな彼女から刺激を受けています。かなりやの職員は、資格取得も積極的ですし、語学学習をしたり、習い事に通ったりと勉強熱心なタイプが多く、互いに刺激しあう風土もあります。

職員には得意不得意があるので、必要なところはサポートし、得意なことで活躍してもらいたいと思っています。スタッフも人間なので、調理が得意な人、掃除が得意な人、利用者とのコミュニケーションが上手な人、黙々と個人で作業するのが得意な人など、さまざまです。職員の力を最大限に活かして働いてもらうことが、本人にとっても楽しく働けますし、少ない人材でも効率的に職場を運営することができます。誰にとってもメリットが大きいことなので、できる限りその人の適性を見極めたうえで、長所を伸ばしていくような方向性で仕事をお願いしています。

適材適所で外国人人材も積極登用

実は最近になり、ある人材派遣会社の人と知り合ったことを機に、外国人の派遣職員にも働いてもらうことになりました。日本語については、ある程度は理解できる、というくらいのレベルなのですが、料理も掃除もてきぱきとこなしてくれるのでとても助かっています。

彼らは介護資格は持っていないため、できる作業内容には限りがあるのですが、彼らが掃除や調理などの仕事をこなしてくれることで、有資格者のスタッフはより利用者にゆっくり声掛けができたり、丁寧に作業をしたりできます。

彼らと接する中で改めて気づいたのですが、介護業界には、一般的には理解しにくい表現があるようです。

例えば「この野菜を一口大に切って」「刻み食にして」などといった指示は通らず、作業が滞ってしまいます。もっとわかりやすく具体的にシンプルに「小さく切って」「1センチくらいに細かく切って」などとお願いする必要があります。

どうすれば相手にわかりやすく伝わるのか、コミュニケーションの取り方を考えることは、私たちにとって非常に新鮮で勉強になります。今こういったケースについて学んでおけば、今後も日本語が得意ではなく、複雑な表現が苦手なタイプの職員に対して指示をしなくてはならなかったりする場合にも応用ができます。ダイバーシティ&インクルージョンが叫ばれるようになって久しいですが、多様な人と働くことによる楽しさや喜びを、彼らと働くことによって改めて感じています。

介護人材不足解消のために、政府は外国人人材の登用を積極的に後押ししていく方針です。コミュニケーションの面で工夫が必要な場面はありますが、適材適所で働いてもらうことで、施設内の雰囲気も非常に良くなってきました。

私の母もかつては毎週のようにブラジル系移民とホームパーティーをしており、その影響で私や私の子どもたちも外国人に対する心理的なハードルが低いのかもしれません。

もともとかなりやがある愛知県碧南市にはブラジル系住民が多い地域であるということもあり、利用者からはそれほど外国人職員へのアレルギー反応も見られません。十数年前に一度だけ、ある利用者から「外国人スタッフが作った食事は食べたくない」と言われたことがありました。その利用者には「あなたは何度もこれまで海外に行っていたんだよね？　その時はあなた自身も外国人だったんじゃないの？　そんなことを言ってはダメだよ」とこんこんと説教をした母の姿を覚えています。

プライベートの特技も仕事に活かせる現場

得意を活かす、という意味では、プライベートが充実していて、さまざまな趣味や特技を持っている職員が、かなりやには紹介しつくせないほどたくさんいます。手先が器用な人、押し花が得意で、まるでアート作品のような押し花を作れる人、裁縫が得意で余った布で周囲を和ませるような作品を作って持ってきてくれる人――。元保育士の職員も、園で培った壁面展示の技を活かし、折り紙などを使って、壁に季節感のある展示物を飾っています。ほかにも、手先が器用な人がレクリエーション用のパズルをさらっと直したり、裁縫が得意な人が施設で使うエプロンを直してくれたりと、それぞれの特技を活かして仕事をしています。

こういった特技は、どれも私たちが大切にしている雑談タイムの中で明らかになったことです。コミュニケーションが活発な職場だからこそ、職員の何げない趣味や特技も「それが得意ならこれをやってくれない?」と仕事につなげられるのかもしれません。

人間、得意なことで役に立てることほど、モチベーションが上がることはありません。一見介護に関係ないような趣味や特技でも、実は介護施設の雰囲気を明るくし、彩りを添えることにつながるのです。

職員の気づきから勉強会も開催

介護職の課題の一つが、スキルアップがしにくいことだと思います。スキルアップをしたくても、結局はＯＪＴのような形で学ぶしかなく、リーダー的な職員の質によってスキルアップできるかどうかが決まるといった現状があります。

一方で、かなりやでは職員の声や意見を尊重したうえで、みんなで勉強会を開いています。

例えば、コロナ禍後はマスクを着けて過ごしていますが、ある利用者が隠れて飴を食べていたのをスタッフが見つけたことがありました。飴は誤嚥すると窒息の危険性もあるので、その方の嚥下能力によっては非常に危険なものです。すぐに勉強会を開いて、職員に危険性について周知することができました。こうした職員の気づきやヒヤリハットも共有することによって、同じミスはできるだけ起こさないでいようという意識が高まります。

そのほか、職員が悩みがちなテーマについて勉強会を開くこともあります。例えば、かなりの職員が悩みがちなのが、オムツのはかせ方です。まひや身体の状態、可動域などに合わせてはかせる必要があり、ゆるければ漏れてしまいますし、きつすぎれば利用者を苦しめてしまうことになります。それぞれの利用者の情報共有を兼ねて、みんなで勉強し合っています。

またスタッフの身内の経験から、勉強会の提案を受けることもあります。「うちのおばあちゃんが脱水症状で入院してしまったから、脱水について学んでみたい」「家族が脳梗塞を起こしたから勉強会をしたい」ということで、専門家を招いて勉強会を開いたこともありました。

私も、母が亡くなったのはパジェット病という婦人科系の難病でしたので、スタッフに定期的に婦人科検診を受けてもらいたいという意味で勉強会を開きました。

こうした勉強会は本人たちのスキルアップにつながるのはもちろん、全員で知識を共有することで、ヒューマンエラーの撲滅にもつながります。

内容に応じて、外部から講師を呼ぶこともあります。これまでは、消防署の人に来てもらい、緊急時にはどうしたらより効率良く利用者や入居者を救出できるのか、どんな点に気を付ければいいのかをレクチャーしてもらいました。また、健康保険組合の人に来てもらって、禁煙による健康的なメリットや金銭的なメリットについて解説してもらったこともあります。

また、訪問看護師を講師に、気管切開をした利用者をケアする際にどういうところに気を付ければいいのかをレクチャーしてもらったこともあります。さまざまな人の力を借りて、職員のスキルを底上げしています。

「座席くじびき」で職種間コミュニケーションを促進

異なる職種や年齢層のコミュニケーション増進は、介護施設の共通の課題かと思います。私たちの施設では、毎月第一水曜日に定例会議を実施していますが、ある時、その時に座る座席が固定化してしまっていることに気が付きました。いつも同じ相手と、同じような会話が交わされる状態が固定化し、このままでいいのかと疑問を持つようになったのです。そこで、この定例会議では、毎回座る前にくじ引きをし、普段は話さないような人と話すような仕組みにしました。すると、本当に雑談が活発になり、さまざまな人の知らなかった面が見えるようになったのです。趣味や特技、プライベートの過ごし方、「実はお酒好きに見えて下戸だった」といったことまで、知っているようで知らなかった職員のさまざまな話を聞けるようになったことで、より職員間の関係性が密になりました。

それ以降、食事会などあらゆる席決めでくじ引きを活用するようにしました。すると、次第にくじ引きを引かなくても、自然と「最近この人と話していないからこっちに座る」「今日は久野さんの目の前に座ろう」などと、普段話さない人とコミュニケーションを取ろうという姿勢が定着していったのです。これは思っていた以上の、うれしい変化でした。

まずは代表から率先して休むことが重要

介護業界に限らず、経営者にとって休みはあってないようなものだと思います。しかし、ただでさえ人材不足で休みがとりにくい介護職です。職員の休みをカバーするために、経営者がシフトに入って、代わりに働くケースも多いと思います。しかし、それでは介護経営者はどんどん疲弊してしまいます。代表が休まずに暗い顔をしていたら、より休みにくく、職場の雰囲気はぎすぎすしてしまいます。

実は私自身もそのことに気が付いていませんでした。母が亡くなった後代表を引き継ぎ、数人が退職してしまったこともあって、職場は人が本当に足りない状態が続きました。あまりの人材不足の深刻さに「どうしてこんな思いをしなくてはいけないんだ」と毎日ネガティブになっていました。それこそ、目を三角につり上げ、暗く、ひどい顔をしていた時期だったと思います。

それでも、仕事の依頼が相次いだのですが、「こんな人材不足では受けられるはずがないよね」と従業員にも弱音を吐いていたのです。でも職員からは「何を言っているんだ。やってみなくちゃわからんだろ」と励まされ、少しずつ前向きになってきました。

取引のある文具店の代表からは「代表が暗い顔をしていたら、職場の空気が暗くなりますよ。休んでリフレッシュも必要です」と言ってもらい、無理やりにでも時間を作って休むことにしました。娘や息子も気を使ってくれ、旅行に連れて行ってくれることもありました。すると、本当に少しずつ張りつめていた職場の空気が変わってきたのです。人材派遣業者と巡り合えて人材不足が解消したり、入居者が増えたりと経営そのものが不思議と上向いていきました。

「仕事は楽しく」と常々従業員に言っている私ですが、私自身がそのことをうまくできていなかったのだと反省しました。人材不足など暗い話題も多いですが、トップこそ率先して、上を向いて、前を向いて、明るく笑って働くことの必要性をひしひしと感じました。

(3) 不本意な離職を防ぐ

介護や育児を理由にした離職を防ぐ柔軟な働き方を提案

退職の理由として、介護や育児を理由に退職したいと申し出を受けることは非常に多いです。しかし、縁あって私の職場で働いてくれたのですから、働き方を工夫することで仕事を継続できないか、必ず相談のうえで今後を決めてもらうようにしています。

例えば、以前働いていた人で、2人の子どもがそれぞれ市の北と南の端の保育園に決まってしまい、「これで仕事に通うのは体力的につらい。辞めさせてもらえないか」と退職の申し出があったことがありました。

本当に体力的に辞めたいのであれば止めませんが、少しでも働きたい意欲があるのであれば、まずはその気持ちを大事にしてほしいと思っていました。ハードルになっているのが、勤務時間の問題であるならば、働き方を少し工夫すれば仕事を続けられるのではないかと思いました。そこで、パートや時差出勤にすれば続けられるんじゃないかと提案し、面談を繰り返し、都度勤務形態を見直しながら、工夫して仕事を続けてもらったことがあります。


ほかにも、介護や子どもの受験を理由に退職を申し出られた時も、パートに切り替えてもらって仕事を続けられる体制を整えました。もし本当に辞めたいならもちろん止めませんが、一度は別の働き方を提案するようにしています。せっかく縁あって勤めてくれた職員なので、働き方を調整するだけで仕事を続けてくれるのならこんなに簡単なことはないと思うのです。

また、病気やけが、育児などで休職する人とも、電話で連絡を取るようにしています。

その際、スピーカーフォンにして、他の職員の明るい声を届けることもあります。これもおせっかいかもしれないのですが、病気の職員には、家まで食事を届けることもあります。身体が弱っている時は、気持ちも弱ってしまいます。経営者が職員に対して、病気になってもできる限りフォローする姿勢を見せることで、ほかの職員にとっても安心感のある職場になります。

「子連れ出勤」で育児理由の離職を防止

ある時、女性職員から「子どもを保育園に預けられないから退職したい」という申し出がありました。それを聞いた当時代表だった母が「いいじゃない、ここに連れてくれば」と提案し、子連れで出勤を認めることになりました。もともと彼女は常勤ではなかったので、毎日子どもを連れてきたわけではありませんし、別に誰が迷惑するわけでもありません。何より母や利用者が子どもたちの面倒を見るのを楽しみにしていました。前述の通り、子どもたちも母を、施設の名前を取って「かなりやばあば」と呼び親しんでいたほどです。

そのほか、小学校低学年の子などは、夏休みや冬休みの学校が休みになる間は自宅に留守番させるわけにもいかず、働きにくくなってしまうので、そういった子たちも連れて出勤OKにしていました。

私たちとしては、そんな理由で辞めてほしくないという思いから始めたことだったのですが、職員からは「周りの人から『子連れ出勤が認められているなんて羨ましい』と言われた」とよく言われました。子どもたちとしても、お母さんがきびきびと現場で働いている姿を見られてとても誇らしげで、見ているこちらもうれしく思っていました。制度的に少し工夫することで、職員にとって「自慢の職場」になるのであれば、これほどいいことはありません。簡単な工夫でどうにかなることならば、仮にやったことがないことでも、思い切って一度は試してみるというのが、かなりや流なのです。

もともとは子どもがいる職員のために保育所を併設したいと思っていました。子連れ出勤はもちろん今も認めているのですが、ただやはり子どもにとってものびのびできる環境があるともっといいでしょうし、利用者も子どもと関われることができます。いつかまた機会があれば、実現させたいと思っています。

退職した職員とも縁を切らない

さまざまな手を尽くしても、やはり病気や家庭の事情で退職してしまうケースはあります。しかし、そういった人でも、一度は縁あって働いてくれたのですから、定期的に連絡を取ったり、気軽にお茶を飲みに来てもらったりしています。

以前、一度退職してしまった人と道でばったり偶然会い「また戻ってくれれば」と話したところ、本当に戻ってきてまた働いてくれたことがありました。もちろん、こんなケースばかりではないのですが、せっかく一度はご縁があったのですから、大切にしたいと思っています。その時は縁が実らなくても、何年かのちにご縁がつながるということもありますし、従業員とは長い付き合いをしたいと思っています。

このように、職員がいきいき、のびのびと働ける職場を作っていくことは、利用者を大切にするという、介護サービスの質の向上にもつながります。

［第4章］

利用者の声なき声を拾い
それぞれに沿ったケアを実現
職員と利用者をつなぎ
安心感の高い居場所へ

利用者という立場を超え信頼関係を築く重要性

介護施設では、利用者とのコミュニケーション不足から、虐待や暴言につながってしまう例も増えています。

「令和4年度『高齢者虐待の防止、高齢者の養護者に対する支援等に関する法律』に基づく対応状況等に関する調査結果」によると、2022年度の介護職員からの虐待は約850件と過去最多を更新しています。虐待の内容（複数回答）で最も多かったのは「身体的虐待」が57・6%で、以降は「心理的虐待」が33・0%、「介護等放棄」が23・2%でした。虐待が起きた要因は、「教育・知識・介護技術などに関する問題」が56・1%と最も多く、次に多かったのが「職員のストレスや感情コントロールの問題」が23・0%でした。人材不足ゆえに、職員への教育が行き届かず、職員の人権意識や介護技術が足りないことが、虐待につながってしまったのだと思います。

この調査によると、発覚した虐待件数のうち、約2割は過去に一度虐待が発生していた組織での再犯事例です。つまり、虐待事件が起きてしまうのには、個人の問題もあるかも

当該施設等への過去の指導等の有無

	件数	割合(%)
当該施設等における過去の虐待あり	182	21.3
当該施設等に対する過去の指導等あり	232	27.1

出典：厚生労働省「令和4年度『高齢者虐待の防止、高齢者の養護者に対する支援等に関する法律』に基づく対応状況等に関する調査結果」

しれませんが、利用者を人として大切にしない組織風土も根底にあるように思います。利用者を尊重する組織風土の醸成をはじめ、組織全体で利用者への人権意識を高めていく必要があります。

ほかの介護施設の人の話を聞くと、介護職員であっても、人権意識の低い人や高齢者をまるで汚いもののように思ったり、何もできない無能力者のように偏見を持っていたりする人は少なくないように思います。

実はかなりやでも以前、面接時に来た若い人から「お年寄りはくさいから、一緒にご飯を食べたくない」と言われたこともあり、介護を志す人でもそんな思いを持っているのかとショックを受けたことがありました。もちろんその人は採用せず「あなたも何十年後かにはそうなるのよ」と伝えましたが、私は大丈夫と自信満々の様子で、本当に衝撃的でした。

そんな差別的な感情を持ちながら、利用者に接すれば必ず相手に伝わってしまいます。そういった介護をされていれば、利用者は精神的にも不安定になります。

特に認知症がある人は、認知症の進行速度は、精神的な安定が深く関係していることがわかっています。認知症の症状が加速し、精神的に不安定になれば、攻撃的になったり、介護が難しくなったりとトラブルも起こりやすくなります。

一方、かなりやに来る前は、精神的に落ち着かず、徘徊《はいかい》したり、攻撃的だったりした人が、私のデイサービスに通うようになって精神的に落ち着いたという例があります。また、自力で歩くことやトイレに行くことが困難だった人ができるようになった例はたくさんあります。

なぜそういった介護がかなりやでは可能なのかといえば、私たち職員が利用者を人として尊重し、利用者の側も私たちのケアの意図を理解して受け入れてくれるという、信頼関係が築かれているからです。

利用者との間で信頼関係が築かれていなければ、こちらは良かれと思ってやっていることでも、意図とは異なったとらえられ方をしてしまうこともあります。

例えば、サ高住では、入居者の安全を守るために、認知の程度によっては外出を制限させてもらうケースもあります。ただ、それも意図をしっかり理解してもらえず信頼関係が築けていなかったら、クレームにつながったり、退去につながってしまったりすることもあります。

また、機能訓練のため廊下にあえて障害物を置き、長い距離を歩いてもらうこともあるのですが、信頼関係がなく意図を理解してもらえなければ「嫌がらせをされている」ととらえられてしまうかもしれません。

まずは、こちらからきちんと歩み寄り、相手の思いを理解しようと努め、最大限の気遣いで迎えることが大切です。私たちはお金をいただいているプロですから、それぐらいはすべきです。そうして信頼関係が築ければ、こちら側の思いや守ってほしいことも受け入れてもらいやすくなります。

そのためには、当たり前ですが、利用者の尊厳を守り、人として大切にしていくという姿勢を示していくことが重要なのです。

信頼関係を築くには「自分が逆の立場だったらどうか」をまず考える

人は誰しも必ず老いますし、病気やけがで障害を負うこともあります。誰かの助けなしには、私たちは生きていくことができません。もし自分が介護される立場になった時に、どんな介護をされたいか、何をされたら嫌なのかをじっくり考えてみることが重要です。これは、私たちがケアをするうえで重視している視点であり、創業者である母が私や職員に対し、口酸っぱくこのことを言い聞かせてきたことでした。

私が幼いころ母から怒られたことで、今でも忘れられないエピソードがあります。ある時母と2人で歩いていたら、トイレの汲み取りをするバキュームカーが通りかかりました。私は当時まだ幼かったので、その車に対し「くさい」と素直な感想を漏らしたのですが、その時母にものすごい剣幕で、この人たちがいるからお前はトイレができるんだ、お前がその立場だったらくさいと言われてどう思うのかと散々怒鳴られました。

この「自分がその立場だったらどう思うか」という母の問いは、介護施設を運営するうえでもカギとなる考え方です。認知症だったり、障害を負っていたりする人たちは決して自分とはかけ離れた特別な存在ではないのです。私たちだって、いますぐにでも病気や事故で障害を負う可能性があります。

最近は若年性認知症患者も増加していますし、30代で脳血管障害を起こす例もあります。実際、人気歌手のＫＥＩＫＯさんが39歳でくも膜下出血を起こし、その後後遺症である高次脳機能障害になったことも記憶に新しいと思います。そうなったときの自分がどうされたいのかを一度じっくり想像してみることが大切です。些細な失敗で大声を出されたらどう思うか、「くさい」「汚い」ものと扱われたら、どんな気持ちがするのかを考えてみるといいと思います。「もし逆の立場だったら」というこの問いは私も介護に関わるうえで、常に自問自答していますし、職員に対してもよく問いかけます。

例えば、ある時、若いスタッフが、利用者の食後の食器を下げるときに、皿を2本の指でつまむようにして下げました。その時、母はものすごい剣幕でそのスタッフに怒鳴りました。

「お前の皿もそうやって2本指でつまんで下げてやろうか。どんな気持ちだと思う？」

その職員はしゅんとした顔で「それは困ります」と答えていました。人の本心は、自分が意識していない細かい所作に表れます。その職員は、利用者の食べ終わった後の皿を汚いものだと思っているからこそ、そういった対応に出てしまったのだと思います。

まずは相手に歩み寄り、どう感じるのかを考えたうえで行動するという地道な努力が、信頼関係に結びついていくのだと考えています。

介護現場における迷惑行為

近年、カスタマーハラスメント（カスハラ）という言葉をよく耳にするようになりました。顧客の行き過ぎた要求や理不尽なクレームなどを付けられる迷惑行為のことです。介護現場でも、認知症患者から身体を触られたり、過剰なサービスを求められたりといったことについて「カスハラ」と訴える声もあります。

介護現場の身体的な攻撃の有無

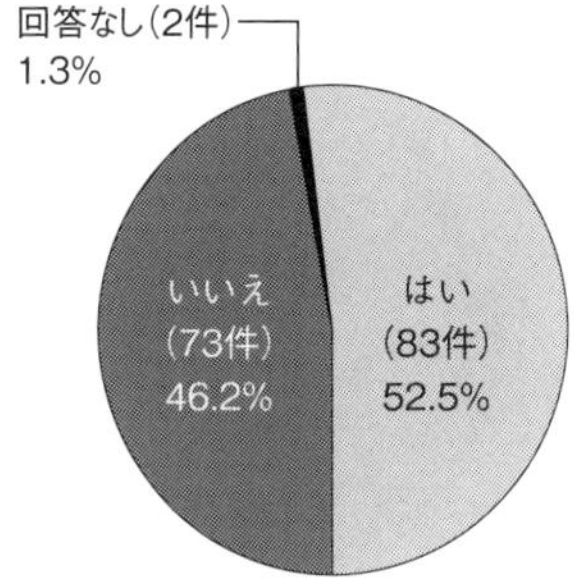

公益社団法人日本介護福祉士会「介護現場におけるハラスメントの実態と対応策に関する調査」をもとに作成

２０２２年に公益社団法人日本介護福祉士会が実施した「介護現場におけるハラスメントの実態と対応策に関する調査」によると、介護施設の職員などに対し「介護現場で利用者や家族などから身体的な攻撃を受けたことがあるか」と質問したところ、男性40件、女性43件の合計83件、割合にして52・5％が「はい」と回答しました。

また、「利用者や家族等から精神的な攻撃を受けたことがあるか」との問いには、男性40件、女性53件の合計93件、割合にして59・6％が「はい」と回答しました。実に半数以上の人が、利用者やその家族から受けた行為に苦しんでいるというのは、同じ介護従事者としては非常に胸が痛いです。

介護現場の精神的な攻撃の有無

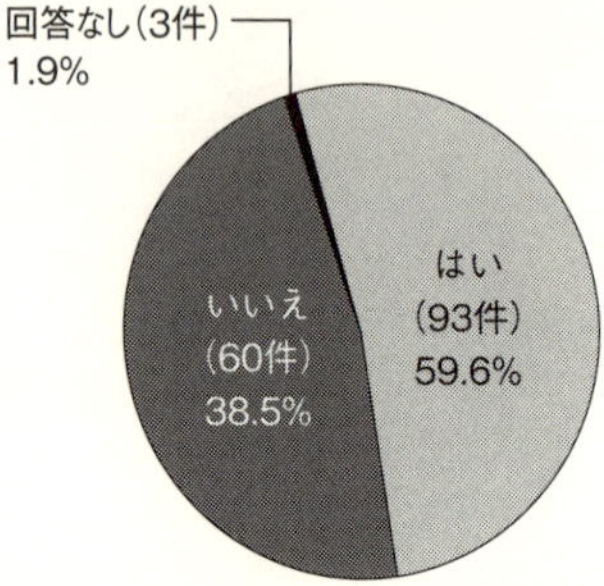

公益社団法人日本介護福祉士会「介護現場におけるハラスメントの実態と対応策に関する調査」をもとに作成

私は介護現場における、認知症患者などのいわゆる〝迷惑行為〟を、すべてカスハラと一口にくくっていいのかには疑問が残ります。病気や障害が原因となって、その人にそのような言動や行動をさせてしまっていることに対して、まずは理解をし、こちらから歩み寄るべきだと思います。

認知症や脳血管障害になった人に、なりたくてなったという人は一人もいません。みんな一生懸命に飲みたくない薬を飲みながら、症状と必死で闘っているのです。

特に認知症の入り口にいる人は、自分の症状を自覚するのも難しく、日々自分自身でも自分が制御できない、言いようのない不安と闘っています。

まずはそばにいる私たちがそのつらさをわかってあげようとしなければ、信頼関係を結ぶことはできません。そして、原因を少しでも理解してあげたうえでケアをすれば、迷惑行為をしなくなることもあります。

まずは、原因となっている病気や障害について理解し、その人の性格や人生をヒアリングし、そこに思いをはせたうえでケアをしていくことが、何より重要だと考えています。

利用者家族との関係は距離感も大切

カスハラという観点では、いつも接している利用者というよりも、利用者家族との人間関係構築のほうが、難しい課題があると感じている介護事業者は多いと思います。

先の公益社団法人日本介護福祉士会の調査でも、「利用者や利用者家族から精神的な攻撃を受けた」と回答した人に対して、複数回答で「誰から攻撃を受けたのか」と質問したところ、「利用者」と答えたのが73・1％、「利用者の家族」と答えたのが63・4％と、利

誰から精神的な攻撃を受けたか

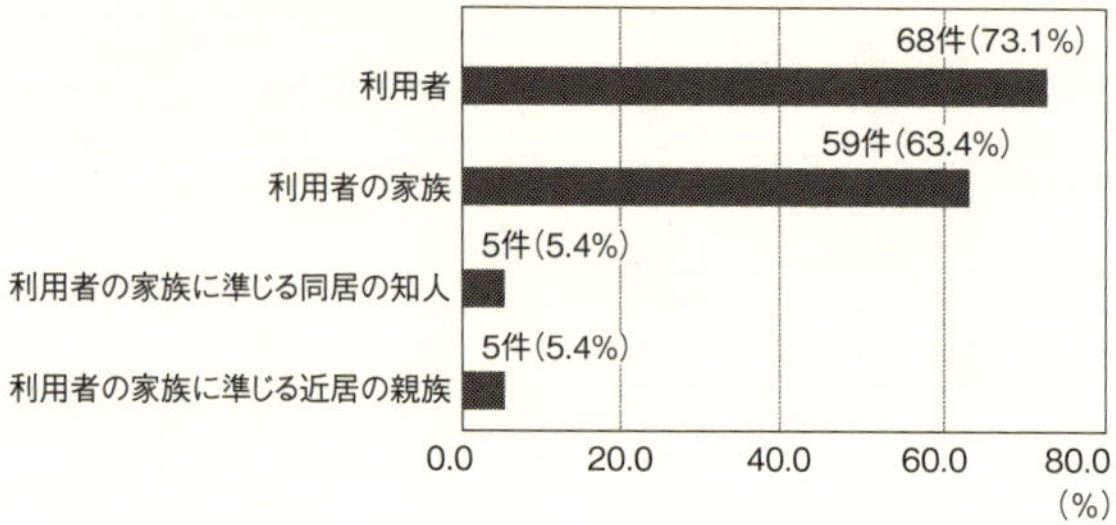

出典：公益社団法人日本介護福祉士会「介護現場におけるハラスメントの実態と対応策に関する調査」

用者と同じくらい利用者家族からの風当たりの強さに悩む声が多いことがわかります。

私たちも、いかに利用者家族と信頼関係を築いていくかには、日々向き合っているところではあります。もともとかなりやは、母が創業時、「介護に悩む女性を家庭から解放したい」という思いを持ってスタートした施設ですので、利用者家族のためになることをしたいという気持ちは並々ならぬものがあります。

一方、かなりやでは、実はそれほど普段密に利用者家族に連絡を取るというわけではありません。他の施設では「利用者が家に帰りたがっているのだけれどどうすればいいのか」など、細かく様子を報告するという施設もあると聞きます。実際、私の友人も、せっかくデイサービスに家族を預けているのに、頻繁に連絡があるため、精神的に安らげないとこぼしていました。

しかし、私たちは、健康面に問題が生じるなど、緊急の場合を除いては、連絡しないようにしています。細かに家族に様子を報告するよりも、入居した先の生活をしっかり守っていくほうに注力しています。

私が入居時に家族に伝えることは「夜中に電話する時は、命に関わることなのです。夜中の電話だけは必ず出てくださいね」ということです。「命に関わるようなことであれば何度も着信は入れますが、それ以外の緊急ではない連絡は1回だけなので、可能な時に折り返しをください」と伝えています。

それでも、特にこれまで大きな問題になったことはありません。何よりせっかく預けているのに、頻繁に施設から連絡があれば、その分だけ家族の心配が増しますし、結局は施設側できっちりと対応すれば済むことです。頻繁に報告や相談をすることが、本当に利用者や利用者家族のためになるのかは、施設側としては一考すべき点かと思います。

ある時、面会に来た入居者の娘さんに「ごめんなさいね。こちらからあまりにも連絡を取らないから、心配ですよね」と話しかけたことがあります。すると彼女は「連絡がないということは、母がここで順調に暮らしてくれているということだと思っているので、何も心配していないです」と言ってくれました。

だからこそ、連絡をせずとも安心して家族を任せてもらえるような信頼感を持ってもらえるよう心がけています。家族のお話ももちろん尊重しながらですが、本人の体調は日々変わってきます。日々関わっていくので、ほかの業種の方々とも情報交換しながら、今後どのように体調が変化していくのか、どんなケアが求められるのかという情報をしっかり得ていくことが重要だと考えています。

利用者からの声なき声やサインをくみ取る

障がい者や認知症患者は、必ずしも自分の意思を言葉ではっきり伝えられるわけではありません。こちら側が本人のつらさや痛みをくみ取って対応することで、穏やかに過ごしてもらうことができます。

私が経営するサ高住の入居者で、以前、夏場に冷房が効いた部屋にいると精神的に不安定になってしまうという人がいました。もともと精神的に障害のある人だったのですが、私も母もケア中に突き飛ばされてしまうようなことが何度もありました。

そこで、その部屋は冷房をつけるのではなく、部屋の四隅に凍らせたペットボトルを数本置いて涼しくすることにしました。すると、冷房よりも穏やかに涼しくなるので、落ち着いた表情で過ごしてもらえました。ペットボトルは業務用冷凍庫で凍らせておけばいいだけなので、予算もかからずに対応ができました。

ちなみに凍らせたペットボトルは、急に高熱が出てしまった人の対応にも役立ちます。発熱の対応はスピードが肝心なので、看護師が来る前に、凍らせたペットボトルを脇に挟んでもらったのですが、後で看護師から「初期対応が迅速で助かった」と言ってもらうことができました。

何げない工夫で利用者の体調を維持する試みはほかにもたくさんあります。お金がかからず、簡単にできて利用者に喜ばれることなので、ぜひまねしてもらいたいと思います。

例えば、夏場は汗をかきやすく、特に円背のひどい女の人は胸の下の肌がかぶれてしまう人もいます。そういったことを防ぐために、キッチンペーパーを一枚折りたたんで、胸の下に挟んでもらうと汗を吸収してくれるので、肌の炎症を防ぐことができます。

余談ですが、夏場にキッチンペーパーは非常に重宝します。まひなどで手や足の指が硬直してしまっている人は、指の間に汗がたまりやすく炎症が起きてかゆみがでたり、ニオイがでたりしやすいのですが、そこに細く折ったキッチンペーパーを挟むことで汗を吸収してくれ、ニオイや肌の炎症を防いでくれます。

水虫の原因菌である白癬《はくせん》菌も、湿度70％以上、室温15℃以上になると活発に増殖するので、キッチンペーパーを指の間に巻き付け、低温ややけどにならない程度にドライヤーでさっと乾かすと、ニオイを元から抑えることができます。

こういったことは、必ずしも本人からはっきりと要望が来るわけではありません。なんとなく不機嫌そう、身体の違和感が気になりそわそわしている、イライラしているなど、ちょっとした様子の変化を見極め、心情をくみ取ることが大切です。

私たちが少しでも楽に過ごしてもらえる方法はないかと考えて、気遣いすることが大切だと考えています。どれもケアプランに書かれていることではないので、費用は私たちの持ち出しになりますが、効果はとても大きいです。汗で不快になりがちな夏場を快適に、気持ちも安定して過ごしてもらうことができるのです。

むしろ資金がなかったからこそ、身近なものを活用して、利用者が快適に過ごせるように工夫ができたのではないかと思っています。

例えば、どうしても車いすの利用者などは、座りっぱなしで夕方になると足がむくんできてしまいます。そんな時は、牛乳パックで作った手作りの足置きに足を置いてもらっています。「脚がつらくなくていいわ」と利用者からも評判です。

このほか、口腔ケアのために、食後はお茶でうがいをしてもらうなど、身近なものでできるさまざまな工夫をしています。

ちなみに、ちまたでは介護ロボットの導入も進んでいるようですが、私たちの施設では高額なロボットは導入していません。

また、こちらは完全にアナログなのですが、福祉用品として販売されている、赤ちゃんと同じ重さの人形などは、利用者にとても喜ばれています。昔、助産師として働いていた人などは、よくその人形を抱っこして昔を思い出していました。楽しく昔を思い出してもらえることは、認知機能の維持にもつながります。高額なロボットを導入するよりも、むしろそういった温かみを感じるもののほうが、かなりやの利用者には好評です。

職員で情報共有し、その人らしいケアを実現する

ケアの基本は、利用者を人として尊重し、その人のこれまでの人生経験などを考慮したうえで、その人らしく人生を送っていけるようサポートすることです。

サ高住の入居前のヒアリングでは、家族に本人について幼少期からの話を聞きながら、認知症になる前はどんな仕事で、どんな性格をしていたのかなどをしっかり聞き取り、ケアに活かします。

例えば、かつてある女性が、駆け込みで緊急入居したことがありました。着の身着のままで、布団だけ持っての入居でした。後日、娘さんが来て「周囲に迷惑をかけてしまうから、とにかく今すぐ入居させてほしい。とりあえずテレビを見せておけば落ち着くと思う」とのことでした。しかし、娘さんの言うとおりにテレビを見せても、テレビをじっくり見られることは一度もなく、終始立ち上がって、忙しそうに部屋を立ち歩いていたのです。

再度娘さんに話を聞くと、実は昔から一緒に暮らしていたしゅうとめから「主婦がテレビを見るなんて、ふざけている。主婦は家族全員が眠るまで動くべきものだ」と厳しく言われていたのです。それを聞いて、どれだけこちらが座るように促しても、彼女が忙しそうに動き回っていた理由がよくわかりました。

彼女にとっては、座ることは、しゅうとめに責められているような気がして苦痛なのだとわかりました。そこで、無理に座らせたりテレビを見せたりするのではなく、本人の意思を尊重し、一緒に散歩するなどしていました。そうした情報はもちろん職員間で共有し、ケアに役立てていました。

また、認知症の利用者ではないのですが、ある高齢の女性利用者は、スタッフが部屋に行くと、何かにつけて「子どもを産んでいないからって、バカにするな！」と激高していました。こちらがいくら「バカにしてないですよ」と伝えても、納得してもらえませんでした。実は彼女は、長らく英語の先生として教壇に立っていました。当時としては珍しく、女性としてキャリアを築かれていたのですが、子どもには恵まれなかったそうです。キャリアへのプライドがありながらも、子どもを持たないことへの負い目を感じて生きてこられたのかもしれません。そういう生活の背景は、高齢になってもずっと染みついているものなのだと改めて痛感しました。

そこで、私たちは「これって英語でなんて言うの？」と聞くようにしたのです。すると、彼女は「何だ、そんなことも知らんのか」とニコニコととても上機嫌になり、私たちにいろいろ教えてくれるようになりました。高齢になっても、とてもきれいな発音で教えてくれ、身体で覚えたことは忘れないのだと改めて驚かされました。

一方で、利用者の人生への配慮が足らなかったゆえの反省もあります。以前、長崎の被爆者を受け入れたことがあるのですが、彼は防災訓練のサイレンが鳴った時に、昔を思い出して、パニックになってしまいました。「またあの時を思い出す」と大暴れしてしまい、もっと想像力を働かせるべきだったと後悔しました。

私たちの常識だけで判断するのではなく、その人の人生を想像し、その人らしく生活が送れることを後押しできるようなケアこそ、満足度が高いケアにつながると考えています。

人としての尊厳にも関わるニオイ対策

介護施設には独特のニオイがあります。汗や水虫などさまざまなニオイがまじりあい、かつオムツなどを扱っているので、アンモニア臭などどうしてもニオイは避けられません。もちろん、利用者にとっても職員にとっても、気持ちのいいニオイではありません。

実は、かくいう私自身も潔癖なところがあるので、介護施設独特のニオイが苦手です。私自身、研修で他の介護施設に行ったことがあるのですが、働いている間中ずっと臭うので、頭が痛くなってしまったこともありました。日々の仕事に精いっぱいで、なかなかニオイ対策まで手が回らないという施設も多いというのもわかります。ただ、利用者はその不快なニオイの中で長時間過ごし、さらには食事もしなくてはならないのです。それは人間としての尊厳にも関わる問題だと思います。

さらに施設のニオイは、施設を初めて訪れる人にとっては、第一印象を左右する、いわば施設の顔でもあるのです。そこでいい印象を持ってもらうことは、入居の判断はもちろんのこと、その後の施設との信頼関係にもかかわってくる問題です。強い芳香剤を使ってニオイをごまかすこともできますが、それでは元のニオイと混じって余計にキツイ臭いに変わってしまいます。

そこで、自然にニオイが気にならなくなるように、かなりやではいくつかの対策を取っています。まず、基本的なことですが、使用後のオムツは新聞紙にくるむことで臭いをかなり軽減することができます。新聞紙は湿気やニオイを吸収してくれる効果があるうえに、古新聞を再利用できるので費用も掛かりません。

加えて、母がブラジルコーヒーを好きだったこともあり、施設ではいつでもブラジルコーヒーを飲めるようにしています。利用者や従業員にほっと一息ついてもらいたいという気持ちで入れているのですが、コーヒーのいい香りがいつもするので、ニオイ対策にも一役買ってくれています。ちなみに、ある職員が、コーヒーを入れた後のカスを煎って、消臭剤代わりにして、トイレや靴箱に設置してくれたこともあり、コーヒーはニオイ対策としては非常に役立ちます。

また、高齢の利用者には、緑茶の香りがいちばん落ち着くようで、定期的に緑茶の茶香炉をたいて、香りを楽しんでもらう工夫もしています。

さらに、ニオイの発生源の対策として、施設内にはゴミ箱を置かないようにしています。もともと私も母も雑然としている環境が苦手ということもあり、ゴミ箱ではなく、広告などを折って小さなクズかごを作り、少したまったらその袋ごと処分しています。そうすれば、ゴミを入れっぱなしにせず、短時間で処理できるようになります。

例えば、鼻をかんだティッシュなどは乾く時に特にニオイを発するので、短時間で処理すれば部屋に臭いがたまりません。クズかごごと捨てればゴミに直接触れずに処分できるので感染予防になり衛生的です。

ちなみにこのクズかごは、手先の運動にもなるので、機能訓練もかねて利用者に作ってもらっています。また、こうした取り組みをしていると知った近所の人たちが、自治会の集まりの時などにチラシを使ってこのクズかごをボランティアで制作してくれ、段ボール一箱分をあちこちの施設まで届けることもあると報告をもらいました。

それでもやはりニオイが出てしまった時は、市販の消臭スプレーを使うこともありますが、ニオイが混ざらないよう無香のものを使用するようにしています。

ニオイ対策をしたことで、かなりやには「独特のニオイがなかったからこの施設に決めた」という人がかなり増えました。また、ニオイがないことで、利用者家族の面会も増えますし、職員にとっても過ごしやすくなるのでまさにいいことずくめです。

利用者が苦情や本音を言いやすくなる雰囲気づくり

どれほど気を付けて介護施設を運営していても、どうしても利用者からの苦情は避けられません。それをいかに大きな問題にならない早期の段階でくみ取り、改善していくかが非常に重要です。そのためには、決して苦情を言わせないようにするのではなく、むしろ本音を言いやすい雰囲気を作ることが大切です。

そのためには、まずは相手の話をいったんは聞き入れることです。そのうえで、こちらに改善の余地があるのか、または利用者側の行き過ぎた要求なのかを判断します。こちらが歩み寄り、いったんは受け入れる姿勢を持たないと、不満を抱えたままある日突然退去、ということにもなりかねません。

母が施設の代表だった時、私との親子関係は利用者には明かしていませんでした。実は私は一度離婚を経験しているのですが、名字を旧姓に戻さず、今のままにしたのは、利用者にあえて親子だと伝えたくないという思いもありました。そうして代表である母と娘だと思われなかったことによって、利用者が母には言えないかなりやへの苦情を「小野寺さん（母）には言えないんだけどね……」とこっそり話してくれる、ということがよくありました。

例えば、「実は、送迎の運転が荒くて怖いのよ」「気のせいかもしれないのだけど、職員の○○さんに舌打ちされたような気がするの」など、私たちが普段接している中では知ることができない職員の姿を知ることができました。

そういった情報を早い段階で知ることができれば、職員に注意して改善を促すこともできます。トラブルの芽を早い段階で摘み取ってしまえば、利用者を失うほどの深刻なクレームにつながらないうちに対処することが可能になります。

特に、利用者は、送迎車の車内など、人数が少なくなった時にぽろっと本音をこぼしてくれることが多いように思います。せっかく教えてくれた貴重な意見はしっかりと受け止め、施設運営に活かしたいところです。

利用者に「虐待」だと疑われないために

どれだけ誠意を持って接していても、例えば一言大声を出してしまえば、虐待だと疑われてしまい、大問題になってしまうことがあります。

私たち自身も、ある出来事から自分たちの行動を猛反省したことがあります。ある時、あまりスタッフがいない時間帯に、入居者の息子さんが面会に来ました。ただ、しばらくすると、息子さんの叫び声が聞こえてきたのです。急いで部屋に行ったところ、その入居者が自分の便を壁や床じゅうになすりつけていたところだったのです。その人には認知症の症状がかなりひどく出ており、その時は口の中にも便が入っているような状態でした。

その様子を見て、私と母はつい「やめて！　今日は息子さんが来ているんだよ」と大きな声を出して、その利用者を制止しました。するとしばらくした後、向かい側の部屋の入居者が、ぽつりと言いました。

「わしは自分でトイレもできるけれど、いつかできなくなったら、今みたいにアンタらに大きい声を出されるんだよな……」

それを聞いて、心底、なんてことをしてしまったのだと反省しました。私が大声を出すということは、その入居者だけでなく、他の入居者までもを不安にさせる行為だったのです。すぐ制止しなくてはと焦り、ドアを開けたまま大声を出してしまったのですが、制止するにしても扉を閉めてから言うとか、他にもやり方もあったんじゃないかと反省しました。

どれだけこちらが誠意を持って対応しようとしていても、「大声を出していた」という一面だけを切り取られ虐待だととらえられてしまうことがあります。それを撮影され、YouTubeなどSNSに投稿されてしまえば、後からどんなに詳細な事情を説明したところで、一度下がってしまった評判は簡単には回復できません。長年積み上げてきた信頼も、たった一回大声を出しただけでも崩れ去ってしまうのです。最悪の場合は、利用者が退所してしまったり、廃業に追い込まれてしまったりする可能性すらあります。

こうした懸念点や利用者の声をすぐに母にも報告して職員ミーティングを行い、二度と私と同じ過ちはしないよう念押ししました。

介護という仕事はストレスも多いので、つい利用者に大きい声を出したくなってしまう時があります。わざとではないにしろ、不潔な行動をとっていたり、利用者からきつい言葉を投げかけられたりすれば、強い言葉をかけたくなってしまう気持ちも理解できます。ただ、そのことで、母は繰り返し、何十年後かに自分が介護される側の立場になれば、その暴言は自分に必ず返ってくると言っていました。

介護される立場になって、何事も考えてみることが大切です。余裕がなくなりそうな時ほど、一度立ち止まって「逆の立場だったらどうか」という原点に立ち戻ってみることこそ何より重要だと考えています。

人生にとって最も大切な「食事」への徹底したこだわり

一日の生活の中で、最もリラックスできる時間ともいえる食事を楽しんでもらおうと、かなりやでは、おいしい食事の提供にこだわっています。そこには創業時からの母の思いがあります。創業前に、理想のサービスを模索するため、いくつかのデイサービスを見学に行っていた母ですが、そこで見たのは、効率重視で食事や入浴をさっと済ませてしまう施設の姿でした。

「これは私の目指している施設の姿じゃない」と感じた母は、1日40品目を徹底した、和食中心のおいしいご飯を提供できる施設を作り上げました。「自分が食べておいしいと思えるもの以外は利用者に出すな」が母の口癖でした。

例えば、ひじきなどのおかずはミキサー食にすると、どろどろの黒いペーストになってしまいますが、冷蔵庫のゆでおきのほうれん草を足して彩りを豊かにする工夫をしています。

実はある時、ある利用者から、ひじきのペースト食を「栄養があるのはわかるんだけど、おいしそうじゃないな……」と言われてしまい猛反省したのがきっかけで、色にもこだわったご飯を出すようになったのです。それによって、利用者は以前よりも食事を楽しんでくれるようになりました。

介護施設の中には、コース料理のようなご飯を出すところもあると聞きますが、かなりやは「いなかご飯」といった風情の、野菜たっぷりの温かみのあるご飯を出しています。具だくさんのおみそ汁は、特に利用者から人気があります。

かなりやでは、嚥下をしやすくするために、希望があればとろみをつけていますが、それも市販のとろみ材ではなく、出汁や小麦粉を使って自然のとろみをつけているので、食事の味も変わりません。市販のとろみ材よりも安価なので、料金も抑えた額で提供できています。

（右）お誕生日の方への特別メニュー
（左）特別メニューの「刻み食」

食事の制限などもある利用者も多いのですべての要望に応えることは難しいですが、それでも可能な限り好きなものを食べてリラックスしてもらえるように、リクエストには応えています。

例えば、ある利用者が、他の利用者がクッキーを食べているのをうらやましそうに見ていたことがありました。その人には食事形態に制限があり、通常であればクッキーは食べられないのですが、クッキーを少しお湯でふやかして食べてもらいました。クッキーを食べる喜びを感じてほしいとチャレンジしたことでしたが、本人はとても喜んでくれ、こちらもうれしくなりました。

そのほかにも、母の実家である鹿児島県からおいしいサツマイモが届くので、焼き芋をよく出すのですが、お湯で崩すととろみ食のようになって、食べやすくなります。

また、毎月その月のお誕生日の利用者に特別メニューを出す日があるのですが、刻み食の人は別メニューという施設もあると思います。

しかし、かなりやでは、刻み食でも同じメニューが提供できるよう、メニュー作りに工夫を凝らしています。先日はちらし寿司などを刻み食で提供したところ、「もう2、3日は同じメニューでもいいくらい、とてもおいしかった」と喜んでくれました。


また、些細なことかもしれませんが、少しでも食事の楽しみにつながってもらえればと、食事のエプロンも市販のビニールの味気ないものではなく、職員がフェイスタオルを使って手作りしたものを使用しています。柄も花柄のものがあるなど、物によって違うので、「私は今日はこっちがいいわ」とファッション感覚で楽しんでくれる利用者もいます。ある利用者からは「これはみそ汁を食べこぼしてもしみ込んでくれるからいいな。他のところではこぼしたら水たまりになるからな」と、喜んでもらったことがありました。

食事は健康的な生活の基本です。おいしく、栄養バランスが整った食事をとってもらえれば、筋肉量も増え、身体を動かすのも楽になります。身体をしっかり動かせば、睡眠の質も高まりますし、よく眠れれば精神的にも安定します。食事・睡眠・運動のバランスをしっかり整えていくことが、健康的な心身を作り上げる基盤となります。当たり前ですが、こうした基本を大切にすることで、認知症の症状が落ち着いたり、精神的に穏やかに過ごせるようになったりするのです。

一方で、こうしたバランスが高齢者は崩れやすい傾向にあります。加齢で身体を動かすのが億劫になり、運動しなければ、食事量も減り、筋肉量も減ります。そうなれば夜もよく眠れず、朝も起きられなくなり、生活リズムが崩れ、さらに外に出なくなるという悪循環に陥ってしまうのです。基本的なことですが、まずは食事という大原則を見直すことが非常に重要です。

日常動作の延長線上で機能訓練

かなりやを利用し始めた入居者の中には、不可能なことが可能になった人が何人かいます。

「特別な機能訓練をしているんじゃないか」と聞かれることもありますが、かなりやはそれほどお金がないので、高額な機材を活用した機能訓練は実施していません。その代わり、日常動作を大切にした、生活に溶け込んだ機能訓練を実施しています。

例えば、「ちょっと一緒に手伝ってほしい」と、職員と一緒にタオルを干してみたり、取り込んだタオルをたたんでもらったりしています。こうした日常動作が、実は手先や腕の筋肉を使うことにもつながり、機能訓練になっています。

また、廊下にラップの芯をピラミッド状に立てたものを障害物に見立て、それをよけたり、またいだりしてもらい、運動能力を高めてもらっています。その際に、股の間にボールを挟んで歩くことで、内転筋も鍛えられ、転倒予防にもつながります。

また、高齢になるとどうしても膝が上がりにくくなり、すり足で歩くようになってしまいます。こうしたことが転倒の原因になり、転倒で骨折をしてしまえば、一気に要介護になってしまうこともあります。そこで、職員がうちわを使って膝の高さを指導したうえで、膝をあげて歩く練習をしています。

要介護5で入居して、自力歩行ができなかった人が、こうした機能訓練によって、歩けるようになったこともありました。「一生車いすでの生活だと思っていた」と、とても喜んでくれました。

また、これはどこもやっているかもしれませんが、かなりやにおいてある、かわいらしい折り紙を貼ったカレンダーはすべて利用者の手作りのものです。折り紙は指先を使うので機能向上につながるうえ、見た目もかわいらしく、作業の達成感も得られます。

実は、こうした実践的な機能訓練の数々は、現在はもう退職してしまったのですが、かつてかなりやで働いていた機能訓練士が、さまざまなノウハウを授けてくれたのです。それまでは日常生活の動きがリハビリにつながっていることを忘れがちで、つい手伝ってしまったり、こちらがやってしまったりしていたのですが、「それでは自立につながらないからやめてくれ」とよく叱られていました。

介護の本質は自立と尊厳の保持ですが、どうしても忙しいと自立のほうをおろそかにしてしまい、つい手伝ってしまうこともあります。先回りしすぎることは利用者本人の自立を阻むこともあるという基本を、心に刻んでおくことが重要だと思います。

言うべきことを言い合える関係性を作ることが大切

たとえ利用者と職員という関係性であっても、言うべきことをきちんと伝え合うことは、信頼関係を築くうえで非常に重要だと思います。確かに我々にとって利用者は「お客さま」の関係です。でもだからといって、変に遠慮することなく、互いに信頼関係が得られないような態度を取られた時は、毅然とした態度で率直に伝えるべきだと考えています。

以前、必要な服薬を拒否した利用者がいました。しかし、薬は医師によって飲むように指導されているもので、本人の判断で勝手に飲むのをやめるわけにはいきません。

そこで母は「私の薬じゃないんだよ。自分の薬なんだからちゃんと飲まないとダメだ」と淡々と説得していました。「そうだよな、自分の薬だよな」と最終的には納得してくれました。

また、女性嫌いで、女性のスタッフを一切受け付けないという人もいました。実は長らく奥さんから介護を受けてきたのですが、奥さんも「生きている間は二度と面会にはきません」と言うほど、女性に対する扱いが厳しい人でした。ただ、我々職員の多くは女性ですし、そのような態度を続けられては、こちらもケアがままなりません。そこで、母が「今まであなたを面倒見てきたのは誰？　女性でしょう？　そういう人に感謝をしないといけないんじゃないの？」と毅然とした態度で一蹴した結果、今では女性スタッフも受け入れてくれるようになりました。

もちろんこれはうまくいった例であり、すべての利用者に対して、こうした対応が効果的であるというわけではないのですが、必要なことはきちんと言い合う関係性を築くことは非常に重要だと感じています。

赤字覚悟で導入した備品で県外からの見学者も

普段はお金をかけないさまざまな工夫で質の高い介護サービスを実現しようと奮闘している我々ですが、利用者の機能向上のためならと、経営的には赤字になっても、さまざまな高額機材を導入しています。結果的に、それが評判となり、周辺施設との差別化にもつながりました。

例えば、通常はリハビリ施設などで使用されているペダル付きの足こぎ型車いすを2台所有し、無償で提供しています。歩行が難しい人でも片方の足を動かすことさえできれば、これを使うことで脊髄反射が起こり前に進むことができるのです。自分で移動する喜びを感じてほしいと購入しました。

もともとは母がテレビのドキュメンタリー番組を見てすぐに欲しくなってしまい、一応相談されたのですが、母の中ではすでに購入することが決まっていたようでした。

これは地域によっては介護保険の対象となります。ただ、かなりやのある地域では介護保険のサービスとしては認められていないので、提供しても介護サービス単価はもらえません。それでも、立位保持や下肢脚力の向上に加え、リハビリ意欲の向上にもつながるため活用しています。

さらに、お湯につからないミスト浴ができる設備も、施設開始当初の24年前から導入しています。ミスト浴は浴槽入浴に比べて傷病事故が起こりにくく、介護する側にとっても安心で、介護される側も安心して入浴を楽しめます。シャワーが当たらないので、心臓にペースメーカーを入れている人や、シャワーの水圧で痛みを感じてしまう病気の人も入浴を楽しめます。身体がお湯につからないので感染症の心配もなく、コロナ禍でも重宝しました。また、職員にとっても、通常の入浴介護よりも身体的な負担が少ないので、喜ばれています。

高齢者の入浴は転倒事故やヒートショックなどさまざまなリスクがあるものの、身体的な清潔を保てますし、何よりとてもリラックスできる時間です。高齢になったり認知症になったりすると自宅で風呂に入るのが億劫になる人もおり、利用者家族としても、なんとか施設でお風呂に入ってもらいたいという期待値の高いところだと思います。このため、遠方からでもこのミスト浴を求めて見学に来る人もいるほど、注目度が高いものです。

利用者にとっても職員にとっても、誰にとってもいいものです。導入費用が500万円ほどかかったので、はじめは赤字での導入にはなりましたが、結果的には十分それを回収できるくらい良い設備導入だったと思っています。

母が要介護になって初めて知った施設の課題

創業者である私の母は、2023年にパジェット病という希少性のがんを発病して以降要介護となり、同年7月に亡くなる前までの間、当時まだ代表だったサ高住に入居し、利用者として過ごしていました。

そんな母を施設で介護するようになり、これまでは見えなかったさまざまな施設の課題が見えるようになりました。例えば、ある時母が上下別々のパジャマを着ていたことがありました。母は「仕事だと思ってやっているからこういうセンスのないことをするんだよな」とポツリと言っていました。当時はまだ母が代表だったので、母の来客もあるなかで上下別々のパジャマを着ていれば、ここの施設はこういう雑な介護をする施設なんだと思われかねません。
母はよく「仕事をするだけなら誰でもできる」と言っていました。ただの仕事としての介護ではなく、私たちの施設らしい、家族のような温かみのある介護をするためには、あと一歩の想像力と思いやりが必要なのだと痛感しました。

また、母は亡くなる間際には、薬の影響で全身がむくんでいました。しかし、オムツは普通にはかされていたので、やり方次第で腹部が圧迫されてしまい、母は「苦しいな……」とこぼしていました。

オムツの装着は教科書だけでは学べない技術です。その人の体調や身体の可動域に応じてつけ方を変える必要があり、経験はもとより、相手のことを思いやる気持ちが重要になってきます。母の介護を通じて、施設の見えなかった姿が見えてきました。母が口を酸っぱくして、何度も何度も伝えてきた、人を大切にする介護の大切さを、身にしみて感じました。死を前にした母が、最後に私にこれからの道筋について教えてくれているように思えました。

もう先が長くないとわかってから、私はある時、母に言いました。

「悪いけど、今アンタで勉強させてもらっているわ。これからの施設でやらないといけないことが見えてきた気がする」

するとうれしそうに言いました。

「そうか。お前には苦痛ばかりを与えているように思っていたけれど、お前が私をきっかけに一歩踏み出せるならそれでいい。どんどん活用してくれや」

母は自分の人生の最期に、利用者や職員など、人の縁を大切にしながら、家族のようなぬくもりに満ちた介護を実現していくことの意味を、身をもって教えてくれました。これからは私が経営者として、母の思いを引き継いでいく番だと思っています。

［第5章］

医療や行政と連携した新たなサービスの提供とイベントの開催介護施設と地域をつなげ社会に必要不可欠な存在へ

安定経営のために不可欠な、地域との結びつき

地域に根差した介護施設を目指して、母がデイサービスを創業してから、はや24年が経ちました。当初、鹿児島県出身の母は「よそ者」「地元の名前ではない」として受け入れてもらえず、苦しい思いもしましたが、今となっては地域社会の一員として受け入れてもらっています。

介護サービスは、高齢者の尊厳を守り、自立した生活を支援することを目的としています。しかし、それは介護施設単体で実現できることではありません。利用者を健康面から支えてくれる地域の医療機関はもちろんのこと、行政や金融機関、ボランティアで支えてくれる地域の人たちとの連携があってこそ、質の高いサービスが維持できるのです。

安定した介護経営を行うためには、地域社会の多様な関係者と強固な絆を結び、互いに協力し合うことが不可欠です。介護の現場では多くの関係者の力が一体となって、はじめて高齢者一人ひとりを尊重したサービスが実現できるのです。地域に根差し、地域とともも

インクルージョン

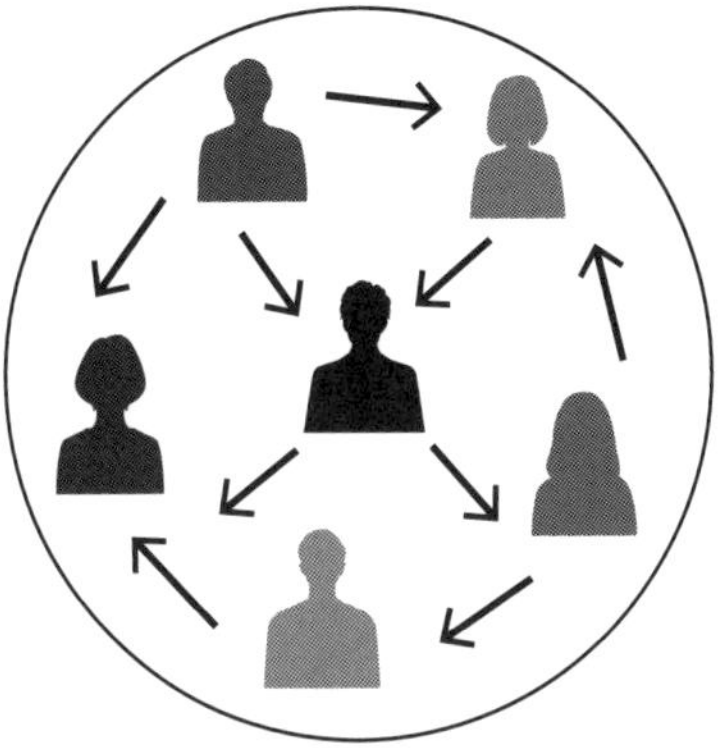

多様な人材が集まり、相互に機能している状態

「リクルートワークス研究所『米国の"今"に学ぶ「インクルージョン」の本質』」をもとに作成

に歩むということが、質の高い介護を提供し続けるための鍵となります。

しかし、実際には、多くの介護施設が地域社会との関わりが希薄な状況にあります。地域のさまざまなイベントごとの中心になるのは、小学校など子どもたちであることが多く、介護施設は蚊帳の外ということも少なくありません。

その結果、地域住民とのふれあいもままならず、介護施設への理解が得られないまま、施設が地域社会から孤立してしまうリスクもあります。昨今、認知症の高齢者の行動を嫌がる地域住民による施設建設阻止運動なども起きており、日頃から地域との接点を持ち、地域とコミュニケーションを取っていくことが、安定的な介護経営にとって不可欠なのです。

介護には「ソーシャルインクルージョン」（社会的包摂）という概念があります。介護福祉士になるためには必ず勉強する概念なのですが、国籍や男女など問わず、高齢者や障がい者などすべての人が、孤立することなく健康で文化的な生活を送れるという考え方です。しかし、この言葉は、残念ながら実践されていないように思います。自分も数十年後には介護される立場になるかもしれないので、みんなで支え合おうという社会的な包摂の概念が、近年希薄になっているように思うのです。今こそ、地域みんなで高齢者を支え合うという、本来的な意味でのソーシャルインクルージョンの実現が求められているのではないかと思います。

介護施設として地域の一員になる

まず、かなりやが地域との関わりにおいて、最も大切にしていることがあります。それは、挨拶です。

「なんて単純なことなんだ」と驚かれるかもしれませんし、「挨拶しただけで地域との関係性が変わり、経営に好循環をもたらすなんて大げさだ」と疑問に思われるかもしれません。しかし、これは決して大げさな話ではありません。

はじめはただ「挨拶していただけ」だったはずの人も、地道に挨拶を続けていくうちに「かなりやの職員＝いつも気持ちがいい挨拶をしてくれる人たち」という認識を持ってもらえるようになり、徐々に関係性が築かれていき、気が付いたら施設にボランティアとして関わってくれるようになったり、利用者を紹介してくれたりするようになりました。もともと母にサ高住の土地を譲ってくれた人との付き合いも、最初はただ挨拶していただけのつながりでした。地域に根差し、事業を拡大し続けてこられた要となっていたのが、実は挨拶なのです。

よく母は職員に対し「デイサービスの送迎では、三軒隣まで挨拶しなさい」と言っていました。実際うちの職員は、とても元気よく周囲に挨拶をしてくれています。デイサービスの利用者の家族はもちろん、隣の家の人、たまたま道や病院ですれ違った人、近所のガソリンスタンドやコンビニエンスストアの店員にまで、大きい声で挨拶してくれます。

本当に三軒隣までしっかり挨拶しているようで、時々「わいろをもらっちゃいました」とお菓子や果物をもらってくることもあります。田舎ならではなのかもしれませんが、かくいう私や母も、ただ挨拶していただけの近所の人から「うちの野菜、勝手に抜いて持って行っていいよ」と言われたこともあります。

ただ、この話は後日談があり、お言葉に甘えて私たちは畑で野菜を取らせてもらったのですが、その様子を見ていた近所の人が、「誰かが勝手に人の畑の野菜を抜いている」と警察に通報してしまい、駆け付けたおまわりさんに私たちが慌てて説明するという珍事になってしまいました。

利用者の家の近所の人からも「アンタのところの職員は、いつも大きな声で挨拶してくれて気持ちがいい」と褒めてもらえることもよくあります。そうして地域の人に認知してもらうことによって、利用者自身の見守りを強めるという意味もあります。

ある時、デイサービスの利用者を迎えに行ったところ、いつもなら出てきてくれるところが、返事がありませんでした。認知症があり、徘徊もある人だったので、もしや、と思っていたのですが、いつも挨拶する近所の人から「その人なら今日の朝方、ふらふらと家から出て行ったぞ」と教えてもらうことができたのです。職員が慌てて近所を探してみると、警察に保護される直前だった、ということもありました。事故に遭ったり、行方不明になったりする前に見つけることができ、本当にほっとしました。

その他にも、同様のケースで、迎えに行ったところ利用者が出てこず、冷や汗をかいたことがあります。すると、またいつも挨拶する近所の人が「さっき息子さんと車でお出かけしていったよ。今日がデイサービスだって忘れているんじゃない？」と教えてくれました。

いずれのケースも、日頃から周囲に挨拶をしっかりしておくことによって関係性があったからこそ教えてくれたのだと思います。また、挨拶をしておくことによって、近所の人も利用者に対してアンテナを張ってくれて、なんとなくその人の動向を気にしてくれるようになり、見守り体制が強化されることにつながると考えています。

基本的なことですが、本当に挨拶で施設の雰囲気も、周囲の受け止め方も変わってきます。地域との連携に悩んでいる同業者は、まずは挨拶を徹底するという、身近なところから始めてみるのもよいと思います。

地域介護の牽引役となり、地域からも認められる存在に

もともとはよそ者で、介護の経験がない母が創業した介護施設でしたが、地道な挨拶から関係性を築き、今では地域の防災会議や地域連絡会議などに、地域の介護施設代表として参加するほどまでになりました。これもひとえに母がさまざまなところに顔を出し、関係性をつないできたおかげだと思っています。

先日も、母から引き継いだ地域連絡会議に参加しました。これは、区長や老人会代表、市役所などが集まり、地区の活性化のために何をすべきかということや、地区が抱える課題について話し合うような会議です。母が亡くなったあと私が引き継いで参加し始めたのですが、介護施設で参加しているのが私一人だけだったので、とても驚きました。母はこうして地域とのつながりを大切にしていたんだと改めて感じました。こういった場で地

域の介護の現状について伝えられ、理解してもらえるというのは非常にありがたいことです。

その中でも話したのですが、どうしても介護施設は地域から孤立しがちな存在ですし、その会議でも議論の輪に入れていないような疎外感を抱いていました。地域のイベントの拠点として活用されるのは小学校や児童館などで、私たち介護施設は残念ながら蚊帳の外ということも少なくありません。私たち職員や利用者も、地域の人や子どもたちと交流したいと思いつつも、なかなか踏み出すことができずにいました。

しかし、これからはもっと、介護施設そのものが地域交流の拠点になり、老いも若きも気軽に立ち寄れるような、そんな場所になったらいいなと考えています。

例えば、昨今は地域でハロウィンのイベントも行われるようになりましたが、子どもが仮装して道を歩いているのを見ると、利用者も子ども好きな人が多いので、自動ドアの内側から手を振ることがこれまでもありました。ただ、もし許可をもらえて、輪に入れてもらえたら、私たちも子どもたちにお菓子をあげるだけでも、交流の一つになるのではないかと思います。今後は地域との連携を強化し、介護施設が地域のためにできることも模索していくことができれば、より地域社会の一員になっていけるのではないかと考えています。

昨今は核家族化が進み、おじいちゃん、おばあちゃんと同居したことがないという若い人も少なくありません。ただ、それでは、子どもたちに高齢者について理解してもらうことは難しいのではないかと思います。人は必ず老いていき、それは決して特別なことではないと理解してもらうためには、まずは人が老いる姿についてもっとよく知ってもらい、交流してもらうことが大切だと思います。

逆に交流がなければ、「高齢者はくさい」だとか「近寄りたくない」といった偏見をいたずらに助長する可能性もあります。まずは、一歩ずつ歩み寄り、少しでも理解しあうことが、ソーシャルインクルージョンの第一歩だと考えています。

地域にとって欠かせない存在になる

このように、地域でかなりやが認知されるようになり、地域の介護施設代表のように扱われるようになったのは、職員が自ら、さまざまなところで介護のテクニックや豆知識を披露し、伝えてくれていることも大きいのではないかと思います。それによって、「あそこなら頼りになるし、相談してみよう」と思ってもらえるような存在として認知してもらえるようになっています。

例えば、神社で車いすを動かせず困っている人に出くわした職員が「そういう時は、ちょっと小さいタイヤを上にあげて、大きいタイヤだけで動かせば簡単ですよ。それが難しければ、後ろ向きに進むといいですよ」といった介護テクニックを教えてあげたことがありました。

このほかにも、「うちのおばあちゃんがお風呂からなかなか出てくれなくて困っている。どうすればいいのか」といった、いわば「よろず介護相談」に、職員自らがあちこちで乗ってくれています。訪問介護先や、病院、道など、さまざまなところで、かなりやの職員が介護関連で困っている人を助けてくれているおかげで「あの施設なら安心できる」と思ってもらえています。実際そうして良い評判が立ち、それがもとになって利用者獲得に至ったケースが何件もあります。

昨今はＳＮＳなどもみられるようになってきましたし、InstagramやXなど、あらゆる接点で、自慢の職員を紹介していきたいと考えています。しかし、どんな宣伝文句よりも、実際に職員と接したことがあるという経験のほうが信頼度が高いですし、ＳＮＳ上のウワサよりも「近所のあの人が言っていた」という一言のほうが影響力が強いのです。「家族を施設に預ける」というのは、利用者家族にとっては非常に大きな決断です。それを後押しすることができる信頼感をいかに築くかが非常に重要だと感じています。

地域内で頼りになる介護施設だという評判が立つと、さまざまな人から「いい訪問看護さんを知らない？」「ケアマネジャーさんでおススメの人を教えて」など、かなりやの利益になるかどうかにかかわらず、さまざまな問い合わせが増えます。私も気軽にいろいろな人を紹介するのですが、紹介先にとっても仕事につながる良い話なので「ありがとう」と受け入れてくれます。こちらも相手を信頼していないと紹介できませんし、向こうもこちらを信頼し、受け入れてくれているからこそ仕事を受けてくれるのだと思います。

近隣の方からの介護相談も多くなってきました。かなりやに入居している方ではないのですが、ある時にとある方から「私はもう母親を殺してしまいそうだ」と相談を受けました。

「一回、うちの施設にお茶を飲みにおいで」と誘ってきてもらったところ、かなり介護疲れをしているように見えました。そこで、これは日帰りでも、宿泊でも、数時間でもお母さんと離れる時間を取ったほうがいいとアドバイスをし、担当のケアマネジャーにも相談して、かなりやを利用して数日間レスパイトケア（介護や育児など、普段誰かのケアを行っている人が休息できるようにする支援）を利用してもらうことになりました。

どうしても在宅介護では、一日中、親や義理の親の命を預かる責任感と闘わなければならず、プレッシャーも大きいです。また、近しい関係だからこそ、親や義理の親の変化を受け入れがたかったり、何げない言葉や行動で傷ついてしまい、精神的に追い詰められてしまったりすることもよくあります。そんな時、レスパイトケアを利用して少しでも距離を取ることで、また良好な関係が維持できることもあります。

「そんなお金にならない相談を受ける時間があったら、もっと仕事をしたほうがいいのでは」と思われるかもしれませんが、のちにその家族からは「あの時話を聞いてもらえたから、私は冷静になれて、最期まで母親を看取ることができた」ととても感謝してもらえました。

介護の悩みを人に話すことで、それこそ自殺するほど気に病んでいた人も、ほっと気が楽になることもあります。自分の施設の利益にかかわらず、時間の許す限り相談に応じるようにしています。

地域を巻き込んだイベントの実施で連携を強化

かなりやでは、近所の人を交えた介護関連イベントを実施し、交流を深めています。例えば、従業員である娘が長年電子オルガンを習っているので、その先生と一緒に音楽に関連したイベントをやろうと企画しています。職員一同、チラシを手作りして、いろいろな機会で配り、宣伝しています。ご近所の人をはじめ、デイサービスやサ高住の利用者家族やお世話になっているケアマネ、付き合いのある業者などさまざまな人が施設に来てくれるきっかけになっています。

このほかにも、地域のボランティアによる紙芝居や、折り紙教室など、さまざまなイベントを開催しています。こうした交流を通じて縁が深まり、施設にさまざまな形で関わるようになってくれる人たちもいます。

現在管理者として責任のある立場を担っている20代の女性職員は、実はこうしたイベントを通じて、お父さんと一緒に施設に遊びに来てくれたのがスタートでした。そこで、介護という仕事について知り、また、かなりやを気に入ってくれ「ここで働きたい」と就職してくれたのです。彼女はとてもやる気に満ち溢れ、人を和やかにさせてくれるコミュニケーションができる稀有《けう》な人材で、施設にとっても、とてもいい縁となりました。

このように、地域社会に開いていくことは、地域の介護施設への理解を高め、ひいては人材の獲得にもつながるのです。

また、私の母を題材にした歌を作ってくれた人も、実はもともと防災点検業者として施設に来てくれた人だったのです。今では、かなりやにもボランティアで歌いに来てくれますし、全国のあちこちの介護施設でも私の母を題材にした歌を歌ってくれています。母について、また人と人とのつながりについて、わかりやすく歌で啓発してくれることは、かなりやにとってとても喜ばしいことですし、介護業界全体にとってとても素晴らしい試みだと思っています。これからも歌い続けてくれればいいなと思っています。

医療との連携強化で質の高いサービスを実現

医師や訪問看護師など、日々の介護施設運営で欠かせない人たちとも、家族のような付き合いを心掛けています。かなりやには気管切開の入居者がいるので、訪問看護師には毎朝お世話になっています。なので、私たちはたいてい朝の4時半頃には出勤して施設内の準備を進め、午前5～5時半ごろに来る訪問看護師を迎えます。作業終了後、訪問看護師と話をじっくり詰める必要性がある時などは、看護師を相談室に「ちょっと待っていて」と5分～10分待ってもらい、冷凍ご飯を解凍しておにぎりを作って、お漬物をつけて「おなかがすいているでしょう。はい、一緒に食べよう」と一緒に食べながら打ち合わせします。

また、時には利用者が亡くなることもあります。そうした時に、対応や手続きのため待機している家族や訪問医、葬儀業者に軽い朝ごはんをお出しすることもあります。最近では、施設を訪れてくれる人を、誰しもウェルカムで迎えたいという私たちの方針を理解してくれた職員は、私の不在時など特に指示をしなくても、訪問者に軽食を出すなどおもてなしをしてくれます。どんな人でも、玄関払いをしないのが、かなりや流なのです。

こうして日頃から関係性が築けているからこそ、医師や看護師からさまざまな情報を得ることができ、医師と緊密に連携が取れた、質の高いサービスの提供につながっています。

例えば、訪問医の診療のあと、帰り際にぽろっと「皮膚にこういう症状が出ている人は、大もとに糖尿病があるからな。ほかの糖尿病でもこういう症状が出やすい人がいたら気をつけろよ」などと、何げなく私たちに情報をくれることがあります。それによって職員の医療的な知識が補完でき、職員全体のレベルが上がり、ひいては質の高いケアの実現につながります。

そういった情報は、「お茶の時間」の井戸端会議や、情報共有用のノートを通じて職員に共有されます。かなりやは事務所が一つしかないので、必ずみんな一日に一度は事務所に顔を出します。そこでみんなノートを見るので、自然と情報共有ができます。

例えば誰かが「これちょっと理解できないんだけれど、どういうこと？」と理解が追い付かない人がいれば、「こういうことなんだよ」とほかのスタッフが自然に解説してくれ、フォローしてくれます。そういうフォローの仕方を職員に教育してくれた母にも感謝しています。

職員もドクターの話から情報を得ようという姿勢を常に持ってくれ、それがわかっているからこそドクターは私たちに情報をくれます。そして、それをきちんと職員間で共有する仕組みがあるから、単なる情報が知識となり、他の利用者にも応用が可能になるのです。

介護という言葉は、もともと「介助」と「看護」という言葉の合成語ですが、実際は介護スタッフと看護スタッフの間では、しばしば意見の食い違いが見られることがこの業界の常だと思います。それは、介護スタッフと看護スタッフでは、明確に役割が違い、できる仕事とできない仕事があるうえ、医療的な知識の差もあるからだと思います。こうした医師との連携を深めることは、介護職員の医療的知識を高め、本来的な意味での「介護」サービスが実現できるようになると考えています。

ケアマネジャーといい関係性を築く

かなりやには、従業員としてのケアマネジャーはいないので、外部のケアマネジャーとの連携が不可欠になります。一方、ケアマネジャーは、一人当たりの担当人数も決まっており、日々忙しく業務にあたっています。だからこそ、ケアマネジャーと良好な関係を築くためには、ケアマネジャーが把握できないような情報を適宜伝えることが大切だと思います。

例えば、以前、デイサービスの利用者で、カバンに南京錠がついている人がいたのです。「これはもしかすると、虐待が疑われるのではないか」と思い、そっとケアマネジャーに報告しました。その方の家族が、介護疲れで気持ちがいっぱいいっぱいになってしまい、身体拘束に及んでしまう、虐待の一歩手前だったのです。ケアマネジャーとスムーズに連携できたことで、大事に至らずにケアを進めることができました。こうして得た情報をすぐに共有できたことはケアマネジャーからも感謝されました。

こういったケースはもちろん多くはありませんが、何か問題が起こる前に情報を共有できるような関係性を築いておくことは重要だと思います。

行政と切っても切れない関係性を築く

介護保険で運営されている施設である以上、行政との関わりは切っても切れない関係があります。介護保険制度は複雑で、しかも頻繁に制度変更があるので、「実は加算を取りこぼしていた」という経験がある施設運営者も少なくないのではないかと思います。私たちも複雑な制度変更を理解するために、できるだけ直接行政の担当者の元に足を運び、教えてもらうようにしていました。

母も「聞くは一時の恥なので、わからないことがあったらどんどん足を運んで直接聞け。直接会ったほうが情報をたくさんくれる」とよく言っていました。

いまやメールで何でも聞けますし、電話したところで嫌がられることはありません。直接話を聞きに行くというのは逆に手間のような気もしますが、結果的に母のこの言葉は正しかったと思います。実際、県庁も市役所も、出向いたら担当者がまず私たちの顔を覚えてくれますし、「せっかく来たのだから」といろいろな情報をくれます。

あまりに何度もしつこく通うので、行政担当者の中でかなりやの名前が独り歩きし、私が問い合わせていないことも「面倒な問い合わせがあったらしいけど、またどうせかなりやだろう」と勘違いされてしまったこともあるほどです。いずれにせよ、関係性を深めておくことで、しっかり情報も得られますし、経営が悪化した時の転ばぬ先の杖になってくれます。

実際、コロナ禍で利用者が大幅に減り、経営が厳しかった時も「こういう補助金があるよ」「こういう加算が取れるかもしれないよ」と市の担当者から助け船を出してもらい、なんとかなったことが何度もありました。

行政との関係性でいえば、こんなこともありました。ふとしたきっかけでサービスコードを眺めている中、ある制度を見つけたのです。それは利用者表人員数が5％以上減少している場合、基本報酬の3％相当を加算できるという制度です。経理に確認したところ、コロナ禍でかなり売り上げが落ちていたのに気づかずに営業していたので、私たちはその加算を半年だけ受け取ることができました。

すると、ある時、市役所から電話がかかってきて「確か久野さん、この加算取っていたよね？　ちょっとやり方教えてくれない？」と言われたことがありました。

本来は私のほうがいろいろ教えてもらうはずの立場なので「いやいや、逆よ？　あなたたちが私たちに教えるほうよ？」とすかさずツッコみをいれたのですが、とてもうれしく思いました。

信頼関係があるからこそ、行政からさまざまなお願いごとをされることもあります。

ある時、市の担当者から母に連絡があったのです。「今の施設のまま、何の書類変更もなく申請書類だけ出してくれれば、この新しい部門が担当できるようになるから助けてくれない？」と言われたことがあります。

よくよく説明を聞くと、それは「基準該当生活介護」というものでした。介護保険のデイサービスの事業者が、障害のある人にも日中活動を提供するというサービスです。市内に該当施設が不足しており、私たちの施設でぜひそれをやってほしいというお願いでした。

母はいつもお世話になっている行政担当者の頼みでしたので、気軽な気持ちでその担当者からのお願いを受けたのですが、結局、書類申請の手間はものすごくかかり、私が必死で書類をそろえた覚えがあります。

しかも、あとから分かったのですが、かなりやの定員は18人であり、基準該当生活介護を受け入れても定員が増えるわけではなかったので、準備にかかったこちらの持ち出しのみ大きくなってしまうということがありました。

結局、収益にはつながりませんでしたが、障害のある人を受け入れたことは、職員のスキルアップにもつながりました。障害のある人の介護は、高齢者介護とは体力面などで大きな違いもあり、私たちも介護の中で突き飛ばされたこともありました。

しかし、どんな状態の人もケアできるようなスキルを身につけられたことは、私たちにとってもとてもプラスになりましたし、今では紹介してくれた行政担当者に対して、良い機会を与えてもらえたと、とても感謝しています。

縁を大切にして、地域社会に受け入れられる施設に

かなりやはもともと24年前にデイサービスとしてスタートしましたが、以降、さまざまなつながりや、助けがあり事業を拡大することができました。もともとデイサービスをスタートできたのも、母が懸命にデイサービスを開所しようと四苦八苦しているのを見た、母の友人が「うちに土地があるからそこを使っていいよ。建物は息子が建てるから、そこで一緒にやろうよ」と言ってくれたのが始まりでした。

これまで24年間経営してきて、正直なところ、私たちは介護事業で大儲けしたかといえばそうではありません。むしろ、目立った収益を追い求めるというよりも、たくさんの困った人を助けようといつも尽力してきました。介護タクシー事業を始めた時も、儲かるかどうかというよりも、碧南市は何を買うにもお店が遠いので、介護タクシーが必要なんじゃないかとスタートしました。今度は車いすの人が通院に困っていると気づけば、車いす対応の通院介助をやってみました。サ高住が足りないからやってみようということにな

れば、24時間対応可能な看護師が必要になります。だったら訪問看護をやってみたらどうだろうか、などといつも困っている人を何とか助けたいという思いで事業を拡大してきました。

最終的には、訪問看護事業と介護タクシー事業はたたんでしまいましたが、コロナ禍でデイサービスの利用者がかなり減少した時も、多方面に事業を展開してきたので、なんとか収益があり、危機を乗り越えて事業を続けることができました。

こうしてひたすら誰かのためにしてきたことが、巡り巡ってご縁を作り、いつしか経営を支えてもらえるようになりました。

よく「どうしてあなたの施設は、危機的な状況にいつもならないのか」と聞かれるのですが、思い返してみれば、かなりやでは、本当に危機的な状況になる直前に、誰かしらがいつも手を差し伸べてくれて「これは今後問題になりそうだから、早々に対策したほうがいいよ」とか「この補助金は取れそうだから、早めに申し込んだほうがいいよ」といった情報をくれるのです。

これまでそれで本当に危機を回避できているので、不思議としか言いようがないのですが、ひとえに母がずっと大切にしてきた縁によるものだと思っています。

人を大切に、縁を大切にするということは、ごく当たり前のことのようにも思えます。しかし、人間関係が希薄になってきた昨今、その当たり前の大切さが、見過ごされつつあるように思えます。

これから介護施設を始める人、または介護経営に悩んでいる人は、ぜひ人と人とのつながりの大切さを再認識してもらい、縁でつながった「ひとつなぎの介護施設」を実現してほしいと思っています。それこそが、地域に根差し、地域から愛される施設への第一歩になるのではないかと思います。

おわりに

本書で何度も登場した、私の母、小野寺敬子は、私にとっては立派過ぎる、どこまでも追いつけない存在でした。もともとは10年間専業主婦を経験した後、交通指導員として17年間働いていた母ですが、同僚が次々に介護を理由に辞めていく現状に胸を痛め「女性を介護から解放したい」と、未経験で一念発起してデイサービスを立ち上げました。「未経験のよそ者が介護施設なんてできるか」とバカにされても、「だから女はダメなんだ」と罵倒されても意に介しませんでした。デイサービスから始まり、訪問介護、サ高住などに事業を展開し、職員、利用者、地域の人などを心から愛し、おせっかいを焼き続けました。

2023年、パジェット病という希少性のがんにかかり、自分が立ちあげた施設で介護を受けることになりました。母としては、自分の育てた職員に介護されるということに対しては、複雑な思いがあったと思います。私自身、元気ではつらつと働いていた母が、聞いたことのない難病にかかり、悲しんだり驚いたりする余裕がないまま、母が亡くなってしまいました。

もともと引き継ぐことに対して覚悟はしていましたが、明確に母には伝えていませんでした。もうじき亡くなるという時に病床で「代表取締役を引き継ぐ」という話をすると、母は涙を流して喜んでくれ、もっと早く伝えられればよかったと後悔しました。それでも最後に、これからの施設のことや介護業界のことなどじっくり話し合えたことは、私にとって本当に貴重な時間でした。看取り介護を経験できたからこそ、施設でどう看取り介護を実現すればいいのかを考えることができました。そんな話を母としていると「私がこんなふうになって、お前はへこむんじゃないかと思っていたけれど、経営者として育ってくれたようでうれしい。これで安心して死ねる」と言ってくれました。もしかすると、私としても母に最後の親孝行ができたのかもしれません。

ただ、そんな立派過ぎる母の後を引き継いでからが、私にとって本当の苦難の始まりでした。引き継いだのが私で本当によかったのか、悩み、苦しみました。実際、数人の社員が母の死を機に退職してしまい、本当は引き留めたかったのですが、「安心してついてきてくれ」と胸を張って言える自信がありませんでした。それでも、辞めずに残ってくれた職員は「あんたしかおらん。小野寺さんと同じことは求めていない。佳子ちゃんらしくやってくれればいい」と励ましてくれ、そのおかげで今やっと経営が軌道に乗ってきています。支えてくれた職員には、この場を借りて改めて感謝したいと思います。

また、母が要介護になり、施設の人材不足で悩んでいたところ、娘や息子が入社してくれることになり、本当に助かりました。半ば強制的に入社させてしまったのではないかと後悔もしましたが、今は楽しそうに働いてくれていることに心から感謝しています。

今回、書籍出版の声を掛けてもらい、最初は私のような田舎者でいいのか、すごく迷いました。こんな頼りない私でさえ、介護経営ができているのです。気持ちさえあれば、学歴がなくても、大病院の後ろ盾がなくても、工夫次第で安定経営ができるのだということを伝えたく、一念発起して執筆することにしました。

私が本書の中で何度も繰り返し伝えた「いつかは私たちも介護される側に立つ。そうなった時にどう扱われたいか」ということを考えた時に、今の介護施設で本当にいいのかという点について、現状に疑問を持っている人は少なくないと思っています。実際、私の友人も同様の思いでしたが、「学がないから」と起業に消極的でした。しかし「自分が居心地よく過ごせる施設を作ろうと思えばやれるんじゃないか。私だってできたんだから」と後押ししたところ、彼女は実際に起業して今では成功しています。気持ちさえあれば、どんな人でもきっと実現できます。その点は改めて強く伝えたいと思います。

本書では、亡き母の思いや、自慢の職員についても伝えることができ、すてきなチャンスをいただけたことに心から感謝しています。編集に関わってくださった皆様、誠にありがとうございました。

私は生前一度も母に褒められたことがなく、亡くなる3日前に「お前がいてくれてよかった」と言ってもらえた時には、本当に涙が止まりませんでした。きっと私が本を出版するなんて、母が知ったら驚くと思います。もしかすると、天国でこの本を読みながら「佳子、よくやった」と褒めてくれるかもしれません。

最後に、母はたくさんの人のおかげで、命尽きるまで全力疾走で人生を駆け抜けることができました。この場を通じて、あらゆる縁に感謝するとともに、私自身もこの先、母の思いを胸に、出会いや縁を大切に、私らしく介護施設経営を続けていきたいと思っています。

久野佳子（くの よしこ）

1973年8月6日生まれ。愛知県碧南市出身。2児の母。母である創業者が介護施設を設立したことをきっかけに、親子ということを伏せて働き始める。「人財」を第一に考える創業者の影響で、職員の定着率も高く利用者の家族からも安心される施設となり、年商1億円を超える。2023年7月に創業者が永眠し、代表取締役に就任。

本書についての
ご意見・ご感想はコチラ

職員・利用者・地域を結ぶ
ひとつなぎの介護施設

二〇二四年九月一三日 第一刷発行

著　者 久野佳子
発行人 久保田貴幸
発行元 株式会社 幻冬舎メディアコンサルティング
〒一五一-〇〇五一 東京都渋谷区千駄ヶ谷四-九-七
電話 〇三-五四一一-六四四〇（編集）
発売元 株式会社 幻冬舎
〒一五一-〇〇五一 東京都渋谷区千駄ヶ谷四-九-七
電話 〇三-五四一一-六二二二（営業）
印刷・製本 中央精版印刷株式会社
装　丁 弓田和則

検印廃止

Printed in Japan ISBN 978-4-344-94841-9 C2034
幻冬舎メディアコンサルティングHP https://www.gentosha-mc.com/

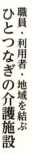